Paolo Scarabeo

Conversazione sull'amore

Paolo Scarabeo

Conversazione sull'amore

...a Dio e al prossimo...

Edizioni Sant'Antonio

Impressum / Stampa
Bibliografische Information der Deutschen Nationalbibliothek: Die Deutsche Nationalbibliothek verzeichnet diese Publikation in der Deutschen Nationalbibliografie; detaillierte bibliografische Daten sind im Internet über http://dnb.d-nb.de abrufbar.

Informazione bibliografica pubblicata da Deutsche Nationalbibliothek (Biblioteca Nazionale Tedesca): la Deutsche Nationalbibliothek novera questa pubblicazione su Deutsche Nationalbibliografie. Dati bibliografici più dettagliati sono disponibili in internet al sito web http://dnb.d-nb.de.

Coverbild / Immagine di copertina: www.ingimage.com

Verlag / Editore:
Edizioni Accademiche Italiane
ist ein Imprint der / è un marchio di
OmniScriptum GmbH & Co. KG
Heinrich-Böcking-Str. 6-8, 66121 Saarbrücken, Deutschland / Germania
Email / Posta Elettronica: info@edizioni-ai.com

Herstellung: siehe letzte Seite /
Pubblicato: vedi ultima pagina
ISBN: 978-3-639-60604-1

Paolo Scarabeo

Conversazione sull'amore

a Dio e al prossimo

A mia madre

PRESENTAZIONE

Quando mi raggiunse la chiamata di un comune amico, non avrei mai immaginato che il favore che mi chiedeva nel redigere la presentazione di questo testo di don Paolo, che allora ancora non conoscevo, avrebbe significato non tanto un aggravio in più fra i mille impegni ministeriali, ma un piacere dell'anima.

Ho goduto nel leggere queste pagine e immergermi con esse nell'Oceano di pace trinitario, scoprendo con mia grossa sorpresa l'attualità di un messaggio antico e sempre nuovo che non cessa mai di parlare al cuore, allo spirito, all'anima, alla vita.

L'Autore con semplicità, rapidità e maestria ci conduce a scoprire appunto il cuore, l'essenza, l'anima del famoso e però spesso frainteso e disatteso comandamento dell'amore, attraverso una rilettura fluida ed entusiasta del pensiero dei Padri della Chiesa che fra i tanti temi approfondiscono il mistero insondabile dell'Amore, l'identità stessa di Dio, intreccio straordinario di relazioni; riesce egregiamente don Paolo in questo intento, facendo particolare riferimento a Basilio di Cesarea e ad Agostino d'Ippona, senza tralasciare una pennellata finale sintetica che ci dà uno squarcio immediato dell'ampia ricchezza del tesoro dei padri da quelli greci a quelli latini, coadiuvato dalla luminosa sintesi offerta dal Santo Padre Benedetto XVI nell'enciclica sulla Carità.

Il gustoso libretto si apre con una riflessione introduttiva, che attingendo alla teologia cattolica, ci offre una boccata d'ossigeno puro: è la consapevolezza di credere in un Dio così diverso dalle astratte e fredde costruzioni filosofiche pur necessarie nel cammino di ricerca della Verità ma che mai avrebbero potuto scalare le vette di una necessaria Rivelazione che ci ha aperto, nell'abbassamento del Figlio di Dio, lo squarcio sul mistero stesso di un Dio, quello appunto rivelato da Gesù, che è mistero traboccante d'Amore; un Dio così lontano e così diverso dall'immagine distorta delle fantasie e delle paure dell'uomo che lo vorrebbero giudice asettico e impietoso delle vicende umane; un Dio così lontano e così diverso anche dagli inganni di una religiosità disumana che lo vorrebbe accecato dall'ira nei confronti della disobbedienza dell'uomo al punto da richiedere un sacrificio estremo e assurdo del Figlio. Un Dio invece che si offre a noi così vicino e così interiore all'umano!

La vicenda storica del Verbo incarnato che ci rivela il Volto del Padre, di un Padre amante, misericordioso addirittura immolato, ci offre in maniera sorprendente l'opportunità sempre urgente di distruggere le false immagini di Dio che spesso ci costruiamo e che mi riporta alla mente un componimento mai pubblicato che qui riporto alla fine di questa mia breve presentazione. È una vera occasione di progresso spirituale poter attingere alla fonte pura del tesoro dei Padri che si rivelano, nelle regole monastiche che qui vengono tratteggiate e anche riportate in appendice, come dei fini e sapienti umanisti ante-litteram, scoprendo un'attualità sorprendente delle loro intuizioni e indicazioni.

Gli scrigni preziosi delle parole di questi nostri antenati spirituali, vengono aperti da don Paolo che ce li ridona come nostri contemporanei e compagni di viaggio, per svelare a noi tutta la carica teologica e antropologica, tutta la forza dolcemente persuasiva perché radicata nell'essenza stessa dell'uomo.

Credo sia questo ciò che emerge profondamente dalla lettura di queste pagine, e cioè il vero nocciolo della questione del precetto della Carità, che già chiamarlo precetto si fa un grande errore: non è un comando esterno a cui assoggettare nostro malgrado tutta la nostra libertà, ma è il germe interiore seminato nelle nostre carni di figli e quindi fratelli; l'identità stessa di Dio-Amore ci mette di fronte alla rabbrividente consapevolezza della nostra stessa identità. Siamo stati creati per questo, e accogliere l'unico, indistinto,

indivisibile comandamento nuovo dell'amore a Dio e al prossimo ci fa veramente noi stessi, realizza pienamente la nostra vita, amplifica fino all'inverosimile la nostra libertà, la libertà da noi stessi, dalle schiavitù interiori ed esteriori, liberi dall'io fagocitante per giungere alla pienezza di un sé pienamente autentico, consapevoli come si ricorderà nel testo che "la legge coltiva e nutre le facoltà deposte in germe dentro di noi."
Accogliere un Dio così è accogliere uno sguardo sull'umano che non è sprezzante e sbieco ma luminoso e profondo, che sa cogliere nella tensione insita nel vivere comune, nella ricerca di relazioni autentiche, nella famiglia come nella comunità religiosa, insomma nella chiesa tutta, il progetto autentico dell'umanità chiamata a divenire in Dio una sola cosa, la Sposa attesa delle nozze eterne, di cui la Chiesa è allo stesso tempo opaca prefigurazione e serva sollecita.
A quanti avranno fra le mani questo strumento, prima di lasciarli in chiusura alla preghiera di un discepolo che ricorda frastornato l'orto degli ulivi, va l'augurio di un'opportunità da cogliere per aprire un varco, per riprendere un cammino, in particolare a quanti hanno perso fiducia nelle possibilità rivoluzionarie dell'Amore rivelato sulla Croce, che come ci esorta l'attuale Pontefice Francesco, è "tenerezza combattiva contro gli assalti del male". (Evangelii Gaudium, n.85)

Cuori lacerati

Hai pianto con Lui, Papà
quella notte,
hai pianto con Lui
lasciato solo
dagli amici assonnati
da quello accecato
e dalle folle voraci e distratte

Hai pianto con Lui, Papà
per l' amore non compreso
per la testardaggine cocciuta
per la schiavitù avvinghiata

Hai pianto con Lui, Papà
e non è bastata l'acqua dei mari
con quella dei fiumi e dei laghi
e nemmeno quella dell'aria
non è bastato il cosmo
per pianger tutto l'Amor non amato

Hai pianto con Lui, Papà
mentre l'Amore sconcertato e smarrito
soffiava il suo vento
per provarci fino all'estremo
a lacerare il cuore degli amati cocciuti

Hai pianto con Lui, Papà
non riesco a crederti
accigliato e distante
a costruire una croce
mentre a suon di tuonanti parole
lo convinci a morire

Credo che Tu
abbia pianto con Lui, Papà
e una carezza d'Angelo

vi ha asciugato le lacrime
il sangue e il sudore.

Si, ne sono certo,
hai pianto con Lui, Papà
quella notte,
hai pianto con Lui

Mi sembra di sentire
il singhiozzo dell'universo
che lacera e scuote
la freddezza di un cuore: il mio!

Piango con voi, Papà
con Te, con Gesù
e il Vento dell'Amore
che fu più forte di ogni rabbia e dolore!

don Antonio Parrillo

PREFAZIONE

«Chi è capace di comprendere tutta la ricchezza di una sola delle tue parole, o Dio? Quello che noi ne comprendiamo è molto meno di quello che lasciamo, come accade a chi si abbevera a una sorgente.
La prospettive della tua parola sono numerose, come numerose sono le prospettive di quelli che la studiano.
Il Signore ha colorato la sua parola con molteplici bellezze, affinché ognuno di quelli cha la scrutano possa contemplare quello che ama. Egli ha nascosto nella sua parola tutti i tesori, affinché ognuno di noi trovi una ricchezza in quello che medita.
La sua parola è un albero di vita il quale, in ogni parte, ti porge dei frutti benedetti; essa è come una roccia aperta nel deserto, che diviene per ogni uomo, in tutte le parti una sorgente spirituale: "Essi hanno mangiato un alimento spirituale, e hanno bevuto una bevanda spirituale" (cf. 1Cor 10,4).
E colui che ottiene per sé una di quelle ricchezze non creda che nella parola di Dio ci sia solo quello che ha trovato; che si renda conto piuttosto che non è stato capace di scoprire che una cosa sola in mezzo a tante altre.
Arricchito dalla Parola, non creda che essa si sia impoverita; incapace di esaurirne la ricchezza, renda grazie per la sua grandezza.
Gioisci perché ti sei saziato, ma non rattristarti perché la ricchezza della Parola ti supera.
Chi ha sete gode di bere, ma non si rattrista della sua impotenza a esaurire la sorgente. Meglio che la sorgente appaghi la tua sete che la tua sete esaurisca la sorgente.
Se la tua sete è calmata senza che la sorgente si sia prosciugata, tu potrai bere di nuovo, ogni volta che avrai sete. Se al contrario, abbeverandoti, tu prosciughi la sorgente, la tua vittoria diventa la tua disgrazia.

Ringrazia per quello che hai ricevuto e non mormorare per quello che resta inutilizzato. Quello che hai preso e assunto è la tua parte; ma quello che resta è ancora tua eredità.
Quanto non hai potuto ricevere immediatamente a causa della tua debolezza, accoglilo in altri momenti grazie alla tua perseveranza.
Non essere impudente, né a voler prendere in un colpo solo quello che non può essere preso in una sola volta, né ritirarti da quello che tu potevi ricevere poco a poco».

S. Efrem il Siro

INTRODUZIONE

Il tema dell'amore è certamente centrale nella riflessione sull'esistenza umana, di più, san Giovanni nella sua Prima Lettera lo dice addirittura costitutivo, identificando l'amore con Dio stesso: "Dio è amore e chi rimane nell'amore rimane in Dio e Dio rimane il lui" (1Gv 4,16).

Il Creatore del cielo e della terra, l'Onnipotente e il Giudice è, secondo il Suo essere, amore. Questa è la testimonianza di Dio attraverso tutta la Sacra Scrittura.

Come un Dio personale, il Signore ha un'intima relazione con l'uomo redento come l'ha un padre verso i suoi figli. Anche nell'Antico Testamento, proprio perché Egli è amore, si manifesta come un Dio che si preoccupa di tutto ciò che riguarda le sue creature, e vive per loro e con loro.

Dio, il Padre del nostro Signore Gesù Cristo, ha un cuore. Egli percepisce le nostre difficoltà, soffre per il nostro peccato, e si contrista quando non vogliamo andare a Lui. Tutto l'essere di Dio è indirizzato verso le Sue creature, e non solo soffre per loro, ma si rallegra per loro quando si pentono del proprio peccato, si ravvedono e tornano da Lui.

Dio ci ama così tanto che ha dato per amore nostro ciò che aveva di più caro: il Suo Figlio Unigenito. Egli abbraccia con un amore incomprensibile tutto il mondo che ha creato, e ama ognuno in modo personale e lo chiama per nome.

Tutta la Scrittura ci testimonia che Dio non è solo onnipotenza, ma, soprattutto, amore. Per amore ci ha salvati dalla condanna del peccato, mandandoci Gesù, il Suo amatissimo ed Unigenito Figlio, e se crediamo in Gesù, abbiamo accesso a Dio, nostro Padre. Ci dà il potere di diventare figli di Dio (Gv 1,12) e la nostra appartenenza a Dio è stabilita sulla terra e per tutta l'eternità.

L'amore di Dio ci dona il massimo: annulla l'eterna separazione, che era insormontabile, tra noi e il Dio onnipotente. Non avremmo potuto avere alcun rapporto personale con Dio, perché il nostro peccato ci separava da Lui come il cielo è separato dalla terra. Egli ha superato questa separazione dando il Suo Figlio Unigenito come sacrificio espiatorio per le nostre colpe.

Questa cosa "incomprensibile" è avvenuta per tutti coloro che credono in Gesù, e tutti questi possono andare a Dio come figli, sebbene siano peccatori.

Il sacrificio di Gesù ci ha talmente avvicinati a Dio che possiamo invocare: "Abbà, Padre" (Gal 4,6).

Nondimeno, con Dio possiamo avere una comunione più intima di quella di un figlio con il suo padre terreno. Possiamo entrare con lui nella intimità di due amanti, Dio è lo Sposo e noi la sua sposa. Una sposa che si è scelta, che ha curato, ha ripulito della sozzura della sua infedeltà e l'ha resa bella, senza macchia e senza ruga, pronta per le nozze.

Quelle nozze escatologiche verso le quali l'umanità è in cammino e nelle quali, solo, troverà la salvezza.

Il tema dell'amore è centrale nella riflessione dei grandi teologi di tutti i tempi, nella teologia dei Padri della Chiesa, ed assume l'ampiezza, l'altezza e la profondità della croce. È amore in direzione verticale, cioè a dire è amore *da* e *in* Dio, e trova la sua più significativa traduzione nella direzione orizzontale: è amore *a* e *dal* prossimo. Diciamo di più: la dimensione orizzontale diventa addirittura costitutiva di quella verticale: "Non puoi dire di amare Dio che non vedi, se prima non ami il fratello che vedi", è infatti, il monito di san Giovanni (4,20).

Di seguito, la presentazione della vita e delle regole 2 e 3 di San Basilio Magno e del capitolo secondo della regola di sant'Agostino, a cui segue, una sintesi del pensiero di alcuni tra i maggiori Padri sul tema, ci chiarisce in modo inequivocabile quanto fin qui si andato dicendo.

DIO È AMORE

Il Dio di Gesù è il *Dio trinitario*, «Uno nella sostanza, Trino nelle persone», come ci insegna la Chiesa. Certamente, siamo di fronte alla prima e fondamentale verità del nostro credere: l'Unità e Trinità di Dio. D'altro lato avvertiamo di avere dinanzi a noi il mistero più profondo e imperscrutabile di Dio: come un bambino guarda meravigliato e vorrebbe toccare con mano il cielo, senza però riuscire a farlo suo, così l'uomo, per la sua creaturalità e per il peccato che ha offuscato il suo sguardo potrà contemplare ma non cogliere in pienezza l'infinità del mistero di Dio, Padre, Figlio e Spirito Santo. Eppure è proprio nell'immagine della Trinità che è possibile non solo conoscere il vero volto del Dio cristiano[1] ma anche intuire il significato profondo della creazione e della stessa vita.

Il mistero della Trinità svela l'autentica identità del Dio cristiano che non vive in una fredda solitudine, ma sperimenta un rapporto di comunione, di più, è relazione essenziale ed eterna tra *"l'Amato, l'Amante e l'Amore"* (S. Agostino) in una dinamica di vicendevole, eterna donazione e accoglienza.

Dio, nella sua immanenza, è essenzialmente amore: *Deus caritas est! (1Gv 4,7).*

Il nucleo profondo di Dio è dunque una vita di comunione. E il segreto di una vita di comunione è l'amore!

L'amore della Trinità però, non si esaurisce nella vita *ad intra* di Dio. L'economia della salvezza, la rivelazione che Dio fa di sé e il suo donarsi a noi è una meravigliosa storia d'amore che si intreccia lungo la storia, tra la fedeltà di Dio e l'infedeltà dell'uomo, tra alleanze e tradimenti, tra l'infinito amore di Dio e l'infima miseria dell'uomo.

---

[1] Interessanti e chiari, in tal proposito, tra gli altri:
K. RAHNER, *La Trinità*, Ed. Queriniana
L.F. LADARIA, *La Trinità mistero di comunione,* Ed. Paoline, 2004.

È il continuo affanno dello Sposo che cerca la sua sposa, che da lui fugge, che la ama e che, nonostante il tradimento, continua a donarle se stesso. Questi è Dio: egli ha voluto donare esistenza all'umanità per renderla partecipe del proprio amore e della propria stessa beatitudine.

L'insieme complesso e variegato delle cose e degli eventi trova proprio in questo progetto d'amore la sua origine, il suo significato profondo e la sua finalità ultima. Dio ha creato il mondo adoperandosi perché in esso potessero maturare le condizioni per l'esistenza e la piena realizzazione dell'uomo; ha poi avviato e condotto la storia del mondo perché potesse accogliere in sé l'evento cardine del suo amore: l'Incarnazione del Suo Verbo eterno. È il meraviglioso spiegarsi della storia della salvezza, progetto d'amore sponsale di Dio per l'umanità.

Dio viene ad incontrare la sua sposa, ad essa dona la sua stessa vita fino al compiersi delle nozze eterne, misticamente celebrate nel mistero pasquale, evento trinitario per eccellenza.

L'amore del Padre si è mostrato innanzitutto nella creazione: la bellezza di ogni cosa, la grandiosità dei fenomeni della natura, l'immensità degli spazi e la profondità del mistero umano rivelano in modo prodigioso l'opera della mano di Dio. Maggiore è però lo stupore che l'uomo sperimenta quando, dopo il buio del peccato, avverte di poter di nuovo essere accolto e avvolto nella Misericordia del Padre. La consapevolezza del grande amore che Dio prova per l'uomo è la meravigliosa scoperta che siamo chiamati a compiere e che dà senso a tutta la nostra vita. E il dono del Figlio per la salvezza dell'umanità è la manifestazione più evidente di questo amore paterno.

È il Padre che vuole celebrare le nozze del Figlio (Mt 22,1-10) e che per lui prepara la sposa. San Giovanni della Croce, nella sua Romanza *Sulla Creazione,* immagina il dialogo tra il Padre e il Figlio a riguardo della Sposa per le nozze:

«Una sposa che ti ami,
figlio mio, voglio donarti,
che per tua grazia meriti
di stare in nostra compagnia,

e mangiare ad una mensa
quel pane che mangio io;
affinché conosca i beni
che io possiedo in tale Figlio,
e con me si congratuli
di tua grazia e leggiadria.

Lo gradisco molto, Padre,
il Figliolo gli risponde,
alla sposa da te data
donerò il mio splendore,

affinché per esso veda
quanto vale il Padre mio,
che ho, e come l'esser mio
da tal Padre io possiedo.

Sul mio braccio appoggiata
arderà nell'amor tuo
e in un diletto eterno
tua eccellenza esalterà»[2].

---

[2] SAN GIOVANNI DELLA CROCE, *Romanze, Sulla Creazione,* ed. OCD, p.1051.

È un Padre che ama; un Padre immolato; un Padre che com-patisce; un Padre misericordioso e Gesù ne è il volto.

Un Padre che ama: ama nelle misura in cui è, perché è Dio nella sua paternità e genera amando, ama perché è Amore (1Gv 4,7). San Giovanni dice *"Dio è amore"*, lo mostra cioè nella sua relazione con il mondo. Dio è Padre che ama e *«In questo si è manifestato l'amore di Dio per noi: Dio ha mandato il suo unigenito Figlio».* Il Figlio, dunque, è la manifestazione dell'Amore Trinitario per il mondo, ma ne è anche, e soprattutto, il primo destinatario: *«Questi è il mio Figlio prediletto nel quale mi sono compiaciuto»* (Mt 3,17; 17,5). Tra il Padre e il Figlio esiste un flusso e riflusso simultaneo e reciproco d'amore che li unisce: lo Spirito. All'amore nel quale è generato, il Figlio dà una risposta d'amore: «Amo il Padre» (Gv 14,31). Il Padre genera per amore e lo fa amando. Ecco, dunque fissati i termini *ad quem* e *a quo* della generazione del Figlio: l'amore.

Un Padre immolato: come immolato, cioè dono di sé, è ogni amore autentico, fino al totale svuotamento di sé. Essendo Dio nella propria paternità e Padre per il proprio amore, è immolato, consumato mediante lo Spirito che è amore e nel quale egli è Padre. Noi non sapremmo nulla di questa immolazione se non fosse per l'Incarnazione del Verbo, che ci ha rivelato l'amore della Trinità. Nella propria morte, Gesù rivela l'immolazione del Padre che è tutt'uno con Lui. Il Padre soffre con il Figlio, diremmo paradossalmente, soffre più del Figlio. La sofferenza di Dio è, tuttavia, diversa da quella di ogni uomo; si tratta di una sofferenza che sfocia immediatamente nella gloria della resurrezione. La Pasqua di Gesù, mistero trinitario per eccellenza, manifesta agli occhi degli uomini il mistero eterno del Padre e del Figlio nello Spirito Santo.

Nella Pasqua, il *Padre* prende l'iniziativa della croce per offrire al Figlio l'opportunità più grande di manifestare il suo amore eternamente filiale.

Il *Figlio* realizza, con la croce, l'atto filiale della obbedienza amorosa, piena, radicale, alla quale il Padre, non potendo lasciare impagato un debito d'amore così grande, risponde risuscitando il Figlio da morte e chiamandolo a sedere alla sua destra.

Lo *Spirito Santo* ispira e sostiene questo scambio d'amore tra il Padre e il Figlio. Come Amore personale del Padre per il Figlio e del Figlio per il Padre si fa presente laddove si celebra l'opera più grande dell'amore di Dio: l'obbedienza del Figlio fino alla morte di croce.

Gesù è morto nella totale rinuncia a sé, è entrato per sempre in un mistero d'immolazione, la sua morte lo consacra, la croce è il trono della sua regalità. Il Padre, il cui volto traspare nel Cristo pasquale, è nel contempo onnipotente e immolato. Ciò che è infamia per l'uomo, è gloria per Dio. Dunque, se Cristo nelle sue sofferenze è volto di Dio si può parlare di *sofferenza di Dio* in questi termini: in Dio esiste qualcosa simile alle sofferenze di Cristo, ma questo qualcosa è il contrario della sofferenza umana. Lo Spirito Santo nel quale Dio è Padre e nel quale Cristo è Figlio, è gloria onnipotente, ma è anche fuoco d'olocausto, è amore. L'amore si vive consumandosi per l'amato, donando se stessi, svuotandosi nell'altro: cioè, immolandosi. Lo Spirito è la sintesi di questa immolazione.

Un Padre che com-patisce: il Padre non è l'Aristotelico motore immobile, che è distaccato dal mondo. Dio non poteva rimanere impassibile di fronte all'amore del Figlio che soffriva. In coloro che si amano la sofferenza è contagiosa, come l'amore stesso. Gesù e il suo Dio sono uniti dal legame di paternità e di figliolanza, ragion per cui, il Padre ha sofferto sul calvario, come la madre di Gesù che era 'sotto la croce', di più, perché il legame tra Padre e Figlio è più forte, perché eterno. Così come gli onori, gli oltraggi che riceve Gesù colpiscono il cuore del Padre: «Chi ascolta voi ascolta me, chi disprezza voi disprezza me. Chi disprezza me, disprezza colui che mi ha mandato» (Lc 10,16). Dio patisce-con Cristo, com-patisce Israele; nella sua compassione nei confronti degli uomini arriva fino a farsi, nel proprio Figlio, loro compagno di sofferenze.

Un Padre di misericordia: la compassione di Dio per l'uomo ci dice la sua misericordia.

La misericordia di Dio celebrata dalla Bibbia della prima alleanza aveva origine nella paternità di Dio nei confronti di Israele: ma questa paternità è innanzitutto quella di Dio nei confronti del suo Figlio unigenito. San Paolo (2Cor 1,3) ci dice che Dio è «Il Padre del Signore Gesù Cristo» e «Padre misericordioso». Questa misericordia si manifesta perdonando. Gesù va alla ricerca del peccatore, perché Dio, di cui egli è volto, rifiuta che si perda il suo figlio smarrito: è il Padre misericordioso del figlio prodigo (Lc 15,11-32), è il Buon Pastore che va alla ricerca della pecorella smarrita (Lc 15,1-7), è la massaia che spazza la casa per ritrovare la dracma perduta (Lc 15,8-10), è lo Sposo che va alla ricerca della sposa (Ct 2).

Il Figlio manifesta in pienezza la *"grazia"* che il mondo ha ricevuto dal Padre.

Grazia è la Buona Novella che Cristo ci ha annunciato; *grazia* è l'averci rivelato e svelato il volto del Padre, che ama e perdona; *grazia* è, soprattutto, l'evento della redenzione: il Figlio, accettando la sposa che il Padre gli offre si unisce ad essa nell'incarnazione, la conduce a nozze nel Cenacolo, la lava nel suo sangue sul Calvario, la porta con sé nella gloria.

Le nozze del Figlio hanno così reso possibile la salvezza di ogni uomo, qualunque sia il suo nome, la sua terra, la sua lingua, la sua fede... in Lui realmente *"tutto è grazia"*.

Il suo sacrificio sul Calvario ci rende capaci di entrare in Dio, di partecipare con Lui alle nozze eterne, di prendere parte al *"Banchetto che in quel giorno Dio preparerà"* sul santo monte.

Lo Spirito Santo è colui che rende possibili le nozze, è il paraninfo, «l'amico dello Sposo»; aveva annunciato le nozze del Figlio (Lc 1,26ss), le ha preparate; ha assistito la sposa, quando lo sposo le è stato tolto (At 2,1-4), l'ha resa pronta al nuovo incontro e con lei ne invoca il ritorno glorioso (Ap 22,17). È lui che esprime l'amore trinitario, che lega Dio in sé nell'eterna sostanziale relazione trinitaria, Dio con gli uomini e gli uomini fra di loro, per condurre ogni cosa al suo compimento.

Tutto, nell'agire trinitario, è frutto dell'amore!

La carità: via per la quale incontriamo Dio

Quando si prende coscienza della distanza esistente tra la gloria del mistero trinitario e l'opacità dell'esperienza umana, si avverte nel nostro animo un senso di smarrimento: il volto di Dio ci appare affascinante, ma come irraggiungibile, la Parola di Cristo convincente ma anche esigente, lo stile di vita proposto dallo Spirito esaltante ma infinitamente difforme dal nostro.

Si prova lo stesso sconcerto che con ogni probabilità provarono i discepoli quando Gesù disse loro: «Siate perfetti, come perfetto è il Padre vostro celeste» (Mt 5,48).

Eppure il divario che si frappone fra noi e Dio, tra il nostro peccato e la sua santità, tra ciò che siamo e ciò che potremmo essere dona l'opportunità di divenire consapevoli del significato della nostra esistenza. Vorremmo essere fedeli, ma non ci riusciamo; vorremmo vivere quell'armonia che regna eternamente in Dio ma siamo troppo presi da noi stessi; i nostri santi propositi sono impietosamente sopraffatti dall'egoismo che attanaglia l'esistenza dell'uomo e lo rende incapace di aprire il cuore a Dio, di "*spalancare le porte a Cristo, alla sua salvatrice potestà*".

Siamo affascinati dall'amore che Dio continuamente ci dona, contempliamo estasiati il suo mistero di *Kènosi* e totale donazione, ci lasciamo affascinare ed inquietare dall'immagine della Croce. Dinanzi ad essa ci si trova avvolti in un silenzio profondo; si rimane assorti di fronte a quelle mani e a quei piedi trafitti, a quel costato squarciato, a quel capo reclinato, a quella corona di spine così inverosimilmente "regale". Il mistero di quella sofferenza ci induce a profonde riflessioni. Di fronte a quella croce riemergono alla nostra mente le tante sofferenze di cui si è fatto esperienza, o di cui si è stati testimoni impotenti, mentre il nostro cuore è costretto a constatare, ancora una volta, il disarmante divario tra la presenza misteriosa del regno di Dio in questo mondo e i drammi di una vita così vistosamente segnata dal peccato.

Si avverte così la necessità di riflettere su questa strana immagine che Dio ha voluto darci del suo amore, un amore radicale, che non fa sconti: "*Cristo Gesù, pur essendo di natura divina, non considerò un tesoro geloso la sua uguaglianza con Dio, ma spogliò se stesso, assumendo la condizione di servo e divenendo simile agli uomini. Apparso in forma umana umiliò se stesso, facendosi obbediente fino alla morte e alla morte di croce"* (Fil 2,5-8).

La croce ci appare così come la raffigurazione della lotta tra il bene e il male, quasi una sintesi della complessità della storia nella quale siamo inseriti e che ci vede protagonisti. Tutte le tragedie e le sofferenze dell'umanità sembrano raccogliersi ai suoi piedi; è come se tutta l'umanità fosse raccolta nel medesimo evento, quello del Calvario, e in un'unica persona, quella del Cristo sofferente.

Egli ci ha amati fino in fondo, fino al dono supremo di sé. Perché, se non per il fatto che egli stesso è l'Amore?

Accanto al dolore del Figlio, quello della madre Maria\Chiesa che rimane fedele, fin sotto la croce e che lì ne raccoglie il testamento d'amore. Lì diventa *la Madre* dell'umanità, lì accoglie in sé l'umanità figlia "*donna ecco il tuo figlio"* (Gv 19,26), lì, accettando di essere madre dell'umanità, permette al Figlio la sua paternità.

Ne deriva che solo imitando Cristo, solo seguendo la sua parola, solo amandoci, come lui ci ha amati possiamo incontrarlo, possiamo riconoscere la sua divinità: *«Carissimi, amiamoci gli uni gli altri, perché l'amore è da Dio; chiunque ama è generato da Dio e conosce Dio. Chi non ama non ha conosciuto Dio, perché Dio è amore» (1Gv 4,7).*

Dunque è la carità la via per la quale incontriamo Dio, è la carità che dà il giusto senso al nostro essere e al nostro operare, e la vita morale ne è la pratica più efficace: "*Non chi dice Signore, Signore, ma chi fa la volontà del Padre mio entrerà nel Regno dei cieli" (Mt 7,21).* A nulla servono i santi propositi e le pie intenzioni: fare la volontà di Dio, questo ci è chiesto per avere la vita eterna, "*e questo è il mio comandamento, che vi amiate gli uni gli altri, come io ho amato voi" (Gv 13,35;15,12).*

Dunque, non possiamo non amare!

L'amore è la verità del nostro Dio; il nostro Dio è amore!

Alla sera della nostra vita, lo stupore ci avvolgerà: scopriremo come Dio, nel suo amore, aveva da sempre pensato a noi come alla sua sposa, preparandoci un posto accanto a sé e prodigandosi perché potessimo raggiungerlo.

«E che cosa dirò? Farò come chi balbetta, e dirò: A', a', perché altro non so dire, poiché la lingua finita non può esprimere la commozione dell'anima che infinitamente ti desidera. Mi sembra di poter ripetere la parola di Paolo allorché esclamò: "Né lingua può parlare, né orecchio udire, né occhio vedere né cuore pensare" quel che vide! E che vedesti? "Vidi i misteri di Dio". E io che dirò? Non aggiungo nulla con questi miei rozzi pensieri, dico soltanto che hai gustato e hai veduto, anima mia, l'abisso dell'eterna provvidenza»[3].

---

[3] CATERINA DA SIENA, *Dialogo della Divina Provvidenza*, EDB 2001

Un amore sponsale

Il Padre da sempre ha pensato a noi come alla Sposa, e il suo amore per noi da sempre ha i caratteri e la profondità dell'amore sponsale.

Dio lo ha 'copiato' da se stesso questo amore e lo ha destinato a se stesso. Veniamo da lui, eterna relazione Trinitaria, per andare a lui in comunione, che vedremo essere *communio sponsalis.*

«Non è bene che l'Adam sia solo» (Gen 2,18). Fu questa la preoccupazione prima del creatore. L'uomo non è un essere solitario, ma è se stesso nella misura in cui entra in comunione con l'altro.

Qui la distinzione maschio\femmina si rivela in tutta la sua costitutività. È necessario un aiuto, qualcuno posto *di fronte*, qualcuno che l'Adam non può auto-darsi.

Dunque, l'Adam entra nel sonno, ciò che cerca gli arriverà da Dio stesso. Esperimenta così il sonno della morte e la capacità di attesa: è l'esperienza della costola. Dalla costola dell'uomo Dio crea la donna. È grande la sorpresa dell'uomo al suo risveglio di trovare *di fronte* a sé ciò che cercava.

Dal costato dell'uomo è creata la donna, dal costato di Cristo sarà ri-creata l'umanità: ecco il punto prospettico ultimo.

Come la donna\Maria\Chiesa accoglie l'uomo\Cristo nel suo utero, così l'uomo\Cristo accoglie la donna\Maria\Chiesa nello spazio del suo cuore.

L'intera storia della salvezza è inscritta in questo dinamismo relazionale: maschio\femmina - Cristo\Chiesa. Essa si apre e si chiude con una coppia. Adamo ed Eva, coppia primordiale, aprono quella storia salvifica che si concluderà nelle nozze escatologiche apocalittiche tra l'Agnello sgozzato e la Donna, che scende da Dio con una veste di lino puro splendente (Ap 19,7-8), come "Sposa adorna per il suo Sposo" (Ap 21,2). Questa coppia escatologica costituisce l'apice dell'intera storia cosmica e umana e compie la creazione genesiaca.

Dalla coppia primordiale Adamo\Eva a quella escatolica Cristo\Maria (Chiesa), tracceremo così una arco salvifico che chiameremo *inclusione nuziale*, proprio a significare che l'intera storia della salvezza è mistero nuziale.

Da quando sono in vita, Dio mi *in-vita* alle nozze. In una bellissima poesia di Marie Noël, una delle vergini stolte (Mt 25,1-13) racconta: "Lo Sposo quando è passato mi ha trovato con le mani e la faccia nere, e sono arrivata quando la porta era chiusa, ma io aspetterò qui anche fino all'indomani delle nozze. Aspetterò qui fino alla fine del mondo". In queste parole emerge chiara quella speranza, che vive contro ogni speranza, che prima o poi Dio invita alle nozze. È quella la salvezza.

Come quello della storia della salvezza, anche l'arco dell'intera esistenza di Cristo sta incluso in una dinamica nuziale. Cristo è avvertito e indicato come il Messia Sposo dal Battista (Gv 3,29) e dalla cerchia dei suoi discepoli. Gesù stesso si presenta come Sposo messianico (Lc 5,33-35).

Cristo si addormenta sulla croce e dal suo costato trafitto sgorgano sangue ed acqua, simboli della Chiesa\Sposa.

Una volta Risorto e svegliato dalla morte, Cristo si manifesta prima di tutti, in un giardino, alla Maddalena la quale lo cerca, come la sposa del Cantico che cerca l'amato (Ct 3). Poi Cristo la chiama: *Maria*, come Adamo mise nome alla donna. Maria Maddalena qui assurge a immagine della Chiesa\Sposa redenta, santificata e resa bella.

Inseriti nella storia della salvezza e nella vita di Cristo, anche noi siamo chiamati ad entrare in questo dinamismo relazionale\sponsale, di più: è esso stesso costitutivo del nostro essere: creati per amore, chiamati nell'amore, destinati all'Amore[4].

---

[4] Per l'approfondimento del tema rimandiamo a:
G. MAZZANTI, *Persone nuziali*, EDB, Bologna 2005;
G. MAZZANTI, *Teologia sponsale e sacramento delle nozze*, EDB, Bologna 2002

Un amore 'tradotto':
La *via* di Basilio di Cesarea

Pastore, Predicatore e Teologo, Basilio nasce, intorno al 330, da una famiglia di assai antica nobiltà, proprietaria di estesi possedimenti, che aveva abbracciato la fede cristiana durante le persecuzioni. Studente ad Atene, fu intimo amico di colui che doveva diventare San Gregorio Nazianzeno. A 25 anni compiuti rientra nel paese natale e vi riceve l'influsso determinante della sorella Macrina, che reduce dall'aver fondato un monastero femminile, lo spinge ad impegnarsi nella stessa via istituendo un monastero maschile.

La nascita, la solida cultura e l'intelligenza penetrante, l'attitudine all'organizzazione ed al comando, il rigore spirituale faranno di lui una guida per le comunità monastiche di tutta la regione. San Basilio è in primo luogo il padre dei monaci d'Oriente. L'ortodossia trinitaria, definita nel concilio di Nicea nel 325, era allora contestata, apertamente o in modo dissimulato, da numerosi vescovi orientali, ed era osteggiata dall'imperatore.

Il vescovo di Cesarea di Cappadocia, per meglio resistere alle sollecitazioni favorevoli all'arianesimo, volle appoggiarsi a Basilio, facendo di lui il suo principale collaboratore. Egli, divenuto sacerdote, predica frequentemente e pubblica varie opere. L'asse principale delle sue preoccupazioni è a quel tempo l'ortodossia della fede trinitaria.

Ma questo intellettuale fu altresì un organizzatore che si preoccupava di sviluppare e regolare l'assistenza offerta ai poveri e ai malati, costruendo edifici destinati alla loro accoglienza e alla loro cura, edifici che formarono una città ospedaliera che mutuò il nome da Basilio: venne chiamata infatti Basiliade. Divenuto vescovo di Cesarea, figura da allora come principale capo del gruppo ortodosso nell'episcopato, soprattutto dopo la scomparsa di Sant'Atanasio (373). Nonostante una salute indebolita che lo costringe sovente a letto, dispiega un'attività instancabile sino alla morte, avvenuta nell'anno 379.

Chi conosce la storia della Chiesa e dell'Impero romano del secolo IV; chi possiede conoscenze sufficienti sulla storia letteraria di quel periodo; chi ha una seria idea di ciò che l'istituzione monastica abbia rappresentato fino ad oggi, non potrà faticare molto a collocare Basilio tra le figure della storia universale, che trascendono i limiti di un'epoca o di un determinato ambiente socio-culturale, e che, nella fattispecie, appartengono alla cristianità intera.

La produzione letteraria di san Basilio si rivela quantitativamente notevole, ma non abbondante, il vescovo di Cesarea fu uomo più di azione che da tavolino. I patrologi hanno facilmente messo in rilievo che i suoi scritti hanno un carattere occasionale; «essi costituiscono i sobri documenti della sua cultura, soprattutto, della sua vita interiore e della intensa azione pastorale» (Card. Michele Pellegrino). Questo risulta anche da un rapido sguardo panoramico. La prima opera di san Basilio fu scritta in collaborazione col suo amico Gregorio di Nazianzo: è la "Filocalia", un'antologia di passi origeniani, la quale, oltretutto, ha il merito di averci conservato ampi frammenti di opere di Origene andate perdute.

Gli altri scritti di San Basilio possono raggrupparsi in:

Trattati teologici sullo Spirito Santo, e l'opera "Contro i Maccabei".

Orazioni esegetiche: Nove omelie sull'Esamerone. Tredici omelie sui salmi. Ventiquattro omelie esegetiche, dogmatiche, apologetiche, morali, encomiastiche.

Scritti ascetici: I Moralia (80 precetti di vita morale); Le regole trattate diffusamente (313 regole di vita monastica, scritte da Basilio quand'era prete a Cesarea come consigliere e coadiutore del vescovo).

Scritti pedagogici: Il Discorso XXQ intitolato: «Ai giovani, in che modo possano trarre frutto dai libri dei gentili»; Ammonizione al figlio spirituale.

Epistolario: Raccolta di 366 lettere di san Basilio o di altri spedite a lui; raggruppate in lettere anteriori all'episcopato (nn. 1-46), lettere del periodo dell'episcopato (nn. 47-291), lettere non datate (nn. 292-366).
Liturgia di san Basilio: tipo di "messa" che nel rito bizantino si usa per 10 giorni all'anno).

Già alla luce di questo elenco arido e schematico, ci si può fare un'idea degli interessi dottrinali di San Basilio. Solo dal secolo scorso si è cominciato a studiare con particolare impegno sistematico il pensiero del vescovo di Cesarea.

La massa enorme e sempre in aumento di contributi che lo riguardano dimostra che il pensiero di San Basilio è quanto mai complesso anche nelle sue tendenze filosofiche e teologiche, oltre che nel suo sviluppo graduale e fortemente riflesso. Perciò non è ancora possibile darne un'esposizione esauriente e articolata.

Sul *piano dogmatico*, san Basilio, come altri suoi contemporanei, Gregorio di Nazianzo, Gregorio di Nissa ed Amfilochio di Iconio, contribuisce potentemente all'elaborazione dottrinale dei cosiddetti «neoniceni», i quali tendevano a confermare la cristologia di Nicea interpretandola rettamente mediante la precisazione concettuale dei termini *ousìa* e *hypòstasis*, *homoùsios* e *pròsopos;* tale lavoro sfociò nella formula trinitaria classica di *mìa ousìa - treìs hypòstaseis* (ossia un'unica essenza divina, tre esistenze individue; un'unica essenza o natura - tre persone); un'altra mèta della speculazione teologica di Basilio e dei suoi colleghi di Cappadocia era la soluzione del problema pneumatologico dei nestoriani, cioè il problema della divinità e individualità dello Spirito Santo: è Egli Dio? e in che rapporto sta col Padre e con il Figlio? La soluzione di san Basilio consiste nell'affermare la divinità dello Spirito Santo perché anch'Egli «consustanziale al Padre e al Figlio», e nell' affermare che lo Spirito Santo procede dal Padre attraverso il Figlio.

Sul *piano ecclesiologico.* San Basilio approfondisce il concetto di Chiesa come istituzione teandrica, misteriosa benché fatta di uomini e realtà visibili, destinata a prolungare nello spazio e nel tempo la vita di Cristo, suo fondatore e capo; San Basilio deduce la stabilità e l'unità della Chiesa, costituita da tutte le chiese locali, dall'esattezza ortodossa della fede professata e vissuta liberamente nella carità di Cristo; per conseguenza, la Chiesa come comunità dei credenti dev'essere distinta dall'Impero o dallo Stato, e non deve né fare né subire invadenze di un campo nell'altro.

Sul *piano ascetico.* San Basilio mostra il senso pratico e l'equilibrio più di un occidentale romano che di un orientale; con la sua «sofiologia» egli approfondisce ed arricchisce la spiritualità monastica, evitando gli eccessi dell'eremitismo e del cenobitismo egiziani, ma tesoreggiandone gli aspetti migliori, accentua il valore della vita sacramentale e della preghiera individuale e liturgica, sottolinea il valore dell'ubbidienza e delle mortificazioni interiori, e concede inoltre il dovuto spazio anche all'attività intellettuale: in breve, nell'ascetica monastica di San Basilio c'è un equilibrio umanistico, che sta agli antipodi delle forme grottesche o spaventose, caratteristiche di certo eremitismo o cenobitismo egiziano, siriano, mesopotamico e palestinese.

Sul *piano pedagogico.* San Basilio da prova di un equilibrio analogo. La sua stima della cultura in genere lo induce a non disprezzare o trattare con sospetto nessun'opera umana. Egli, fin da giovanetto e forse sotto la guida paterna, ha imparato a scorgere ed apprezzare la ricchezza di valori umani, oltre che formali e stilistici, contenuti nella letteratura classica pagana. Non gli è difficile proiettare questa sua esperienza sugli altri, cioè sui giovani cristiani. Essi, usando con discernimento e simpatia la letteratura classica, devono saperne accantonare gli elementi deteriori, per assimilarne tutti gli elementi positivi, soprattutto quelli etico-dottrinali che aiutano efficacemente alla formazione di una coscienza cristiana alimentata dalla Sacra Scrittura. È difficile immaginare gli effetti benefici di questa posizione pedagogica di San

Basilio sulla storia culturale del Cristianesimo d'Oriente e d'Occidente, soprattutto quando si pensi che egli stilò precisi programmi di studio per i giovani e fondò per loro scuole in molti monasteri.

La personalità di San Basilio apparve gigantesca anche agli occhi dei suoi contemporanei e degli amici più intimi. Il Nazianzeno, nell'elogio funebre dedicatogli, ricorre ad espressioni encomiastiche a tutto tondo, come voleva il genere retorico usato; ma sarebbe un errore ritenere che si tratti di pure iperboli o di effusioni affettuose di vecchio amico quando egli definisce Basilio «nobile e grande anima e veramente amante di Cristo»; quando rileva francamente che Basilio, ancora semplice monaco e sacerdote, «era venerato come non so chi altro lo sia stato dei filosofi, del nostro tempo»; o quando infine proclama con finissima analisi che Basilio fu un modello di pastore-condottiero: «...Non soggiogava con artifizi, ma si cattivava gli animi con la benevolenza; non faceva uso del potere, sì, ma in quanto non vi ricorreva, attirava gli animi a sé e, ciò ch'è importante, con la supremazia che la sua intelligenza esercitava su tutti, con la convinzione universalmente diffusa che la sua virtù fosse inarrivabile, che per essi non vi fosse altra salvezza che schierarsi con lui e dietro a lui, altro pericolo che di urtarsi con lui, e che l'allontanarsi da lui significasse distaccarsi da Dio»; insomma, Basilio fu «un programma di salvezza per tutte le Chiese e tutte le anime».

Il contenuto di questi ed altri elogi è stato dal Nazianzeno espresso di nuovo in alcuni dei dodici epitaffi, che egli dedicò in seguito al suo grande Amico. Alla morte di Basilio «ogni città della Cappadocia gemette, non solo, ma il mondo gridò: Morto è l'araldo, morto è il fautore della splendida pace»; Basilio solo ha illuminato «la vita con la parola e la parola con la vita»; egli è stato «grande gloria di Cristo, sostegno dei sacerdoti, sostegno della verità, ora incrinata da molte scissioni»; Basilio resta «il nobile vanto di Cesarea», perché la sua parola era «tuono» e la sua vita era «folgore», in quanto egli conosceva «tutte le profondità dello Spirito e quante ne abbraccia la sapienza terrena».

L'idea delle dimensioni eccezionali della vita e dell'opera di San Basilio o, se si vuole, il concetto della sua indiscussa «grandezza» ritorna, senza attenuanti espressive, anche sotto la penna di suo fratello Gregorio Nisseno. Appropriandosi di un'immagine riferita dagli *Atti degli Apostoli* a San Paolo (At 9,15), egli definisce Basilio «il grande vaso della Verità», colui che dalla santità della vita è stato reso «famoso e grande agli occhi di Dio e degli uomini». Per conseguenza è ovvio che il Nisseno, a seconda del contesto, lo nomina con l'apposizione di «grande». L'uso di tale apposizione, si riscontra nell'opera agiografica dedicata dal Nisseno alla sorella Santa Macrina, dove Basilio viene celebrato anche come «famoso in tutto il mondo» e «cuore comune della nostra famiglia».

La prova che tale linguaggio del Nazianzeno e del Nisseno non sia esagerato si può attingere da varie testimonianze. Il Nazianzeno stesso racconta che la fama di Basilio ancora vivo era tale, che egli, senza volerlo, divenne occasione di un fenomeno ben noto ai cultori di psicologia delle masse: molti cominciarono ad imitarne, per non dire «scimmiottarne», gli aspetti esteriori e gli atteggiamenti più tipici «come mezzi per acquistarne fama; per esempio, la sua pallidezza e la sua barba e il modo di camminare e la lentezza nel parlare e l'attitudine di solito meditativa e l'interiore raccoglimento; ed inoltre il modo di vestire, la forma del suo letto e la maniera di mangiare». Ma se questa testimonianza di popolarità ci richiama la leggerezza della moda suscitata da un «divo» del momento, ce ne sono altre di natura molto più seria. I discorsi dedicati a Basilio dal Nazianzeno, dal Nisseno e da altri quasi loro contemporanei o di poco posteriori attestano che il culto pubblico di Basilio si diffuse presto e rapidamente, tanto più che alla sua morte si costatò quanta fama egli godesse anche presso i pagani e gli Ebrei.

Le tante attestazioni della grandezza di San Basilio, che troveranno una consacrazione definitiva anche nei testi liturgici d'Oriente e d'Occidente nella denominazione di «San Basilio il Grande», nel corso dei tempi non fanno che aumentare. Il vescovo di Cesarea è uno di quei personaggi storici piuttosto rari, il cui apprezzamento positivo dei contemporanei suscita consensi entusiastici in tutta la posterità.

Tra i numerosi esempi che si possono trarre da tale posterità, mi è gradito ricordare quello di San Teodoro Studita, vissuto quasi cinquecento anni dopo la morte di San Basilio. Teodoro, monaco del monastero di Studion in Costantinopoli, studiò con ammirazione gli scritti del nostro Santo rimanendone ammaliato: per lui San Basilio è «il Grande» per antonomasia, e compone, per onorarne la memoria, una serie di canoni, dai quali traggo la seguente strofa:

«Brillasti con splendore nella tua fulgida vita,
illumini il mondo con le tue opere e le tue parole.
Anche tu, tenendo le chiavi qual nuovo Pietro,
sei custode di tutta la Chiesa».

Queste lodi non si sono sbiadite e meno ancora sono state cancellate; anzi, col progredire degli studi, sono state approfondite e continuano ad essere rifinite nella loro formulazione.

Una domanda sorge spontanea: Ma perché ci siamo soffermati così a fondo sulla vita di san Basilio e a quale sorgente attinse Basilio l'immensa vita interiore che gli rese possibile il compimento della sua grande missione, nonostante la relativa brevità della sua vita (330-379) caratterizzata, per di più, da una salute cagionevole?

Nessuna risposta che voglia essere seria potrà ignorare o sorvolare un fatto che emerge da tutto ciò che egli fece e disse: la profonda convinzione della necessità di incarnare nella propria vita l'*Amore* di Dio. Egli fu un uomo che, a un certo punto della sua vita, accettò con maturità la sfida della sua fede cristiana a giocare il tutto per tutto, offrendosi totalmente a Dio in Cristo nello Spirito Santo. Tale offerta fu un atto di fede; ma, una volta posto tale atto, San Basilio non si stancherà di ripeterlo e viverlo con eroica coscienza fino alla morte.

In altre parole si deve ammettere che in San Basilio la grandezza dell'uomo di pensiero e di azione si identifica con la santità cristiana, soprattutto nella sua «Grandezza».

Le Regole

Le *Regole* di Basilio, in particolare le regole 2 e 3, che qui prendiamo in esame, ci aiutano a comprendere a fondo quanto per il Cappadoce fosse importante il tema dell'amore a Dio e al prossimo.

D. 2 *L'amore per Dio.*
Come negli uomini vi sia una naturale inclinazione e la forza per adempiere i comandamenti del Signore. Parlaci dunque per prima cosa dell'amore verso Dio. Che bisogna amare, infatti, l'abbiamo sentito, ma vogliamo imparare come si possa far questo.

Parte da questa domanda la riflessione di Basilio il Grande sul tema "l'amore a Dio", ed è immediata la sua risposta: "L'amore per Dio non lo si può insegnare". Dice, il nostro, che non può esistere qualcosa di esterno che ci insegni l'amore verso chicchessia, tanto meno verso Dio. Ma nella costituzione stessa dell'essere vivente viene immesso un qualche seme (Λόγος σπερματικὸς) che ci predispone alla familiarità con il bene. La cura, la crescita e il compimento di questo germe è poi opera della grazia di Dio.

È opera unica che contiene in sé ciascun comandamento del Signore, com'è detto nella Parola stessa del Signore: "Chi ama osserverà i miei comandamenti" (Gv 14,15).

Richiama poi il Cappadoce, ad una considerazione circa il nostro rapporto con in comandi del Signore: "per tutti i comandamenti (...) abbiamo ricevuto in anticipo da lui anche le forze necessarie per compierli" e se sapremo comportarci rettamente mediante esse vivremo una vita veramente santa.

Pone poi in modo chiaro l'accento sull'*uso* che facciamo della grazia di Dio, da questo dipende la nostra capacità di adesione a Dio. Questa è infatti la definizione di male: l'*uso* malvagio e contrario al comandamento del Signore; così come virtù significa: l'*uso* di questi doni con buona coscienza.

"Stando così le cose, diremo lo steso anche dell'amore. Poiché, dunque abbiamo ricevuto il comandamento di amare Dio, abbiamo insita in noi, fin dal primo momento in cui siamo stati plasmati, la capacità di amare".

La nostra intimità col bene è tale e tanta che – dice san Basilio – senza che nessuno ce lo abbia insegnato, dimostriamo ogni benevolenza a chi ci ha fatto del bene. Ed è tanto meglio esplicitata tale intimità dalla citazione nel testo del Cantico dei Cantici (2,5), quando l'anima purificata da ogni male esclama: "io sono ferita dall'amore".

Le stessa idea, di chiara ispirazione origeniana, che ritorna nelle omelie sui salmi: "*Le tue frecce sono acute"* (Sal 44,6). Da questi dardi sono colpite le anime che hanno la fede e che dicono di ardere del sommo amore di Dio, come la sposa: "*Io sono ferita dall'amore"* (Ct 2,5). Inenarrabile e ineffabile la bellezza del Verbo, lo splendore della sapienza, la forma di Dio nella sua immagine. Beati quindi coloro che amano contemplare quella vera bellezza.

Anche Gregorio di Nissa leggeva così questo versetto: "La sposa indica la freccia profondamente conficcata nel suo cuore. Ora, Colui che ha scagliato la freccia è l'Amore e dalla scrittura sappiamo che questo amore è

Dio stesso (1Gv 4,8). Bella e dolce ferita, grazie alla quale la vita si diffonde dentro di noi, entrando attraverso l'apertura prodotta dalla ferita, quasi fosse una porta di ingresso. Non appena la sposa ha ricevuto la ferita dell'amore, il colpo della freccia si è trasformato in gioia nuziale".[5]

E poi un canto alla ineffabile bellezza di Dio, impossibile ad essere contemplata da occhi di carne, ma compresa soltanto dall'anima e dalla mente che se mai ha illuminato qualcuno dei santi, ha lasciato in essi un insopportabile pungolo di ardente desiderio. Ed essi, mai sazi di contemplare la divina bellezza, supplicavano che fosse prolungata per tutta la vita eterna la contemplazione delle meraviglie del Signore. Così, gli uomini desiderano naturalmente la bellezza. Amabile è ciò che è buono. Buono è Dio. E se ogni cosa anela al bene, dunque anela a Dio.

È ragionando così che Basilio Magno spiega il perché dell'innato amore per Dio nell'uomo. Nessuno lo può insegnare, esso è dono di Dio stesso.

Se dunque proviamo naturalmente affetto e simpatia per quelli che ci fanno del bene e sopportiamo qualunque fatica pur di ricambiare i doni ricevuti, quali parole potrebbero esprimere degnamente la riconoscenza per i doni di Dio? Sono una moltitudine tanto grande che il loro numero ci sfugge, sono così grandi e di natura tale che ne basterebbe anche uno solo per renderci debitori di immensa riconoscenza a Colui che ce lo ha donato.

Non è possibile, neppure se si volesse, trascurare quel dono, è assolutamente impossibile tacerne, ma in pari tempo è ancor più impossibile parlarne degnamente, quel dono cioè per cui Dio creò l'uomo a sua immagine e somiglianza, lo fece degno della conoscenza di Lui, lo provvide di ragione a differenza di tutti gli esseri viventi, gli offrì di godere le ineffabili bellezze del paradiso e lo stabilì a capo di tutto ciò che era sulla terra.

Che cosa daremo dunque al Signore in cambio di tutto quello che ci ha donato! Egli è così buono che non chiede neppure una ricompensa, ma si

---

[5] *In Cant.*, Or. IV, Langerbeck, pp.127-128.

accontenta soltanto di essere amato per tutti i doni che ci ha fatto. E questo basti riguardo all'amore per Dio, anche perché dire tutto - insiste Basilio -, è impossibile.

Ma questo discorso introduce naturalmente a quello che gli è complementare per logica: *L'amore per il prossimo,* e che san Basilio affronta nella regola 3:

D.3 *L'amore per il prossimo.*

Dovremo passare a quel comandamento che è secondo sia per ordine che per importanza.

"Vi ho già detto in precedenza che la legge coltiva e nutre le facoltà deposte in germe dentro di noi. Ma poiché ci è stato ordinato di amare il prossimo come noi stessi, vediamo se abbiamo ricevuto da Dio anche la facoltà di adempiere questo comandamento. Chi, dunque, non sa che l'uomo è un essere mite e socievole, e non è solitario e selvaggio? Nulla, infatti, è così specifico della nostra natura quanto l'entrare in rapporto gli uni con gli altri, l'aver bisogno gli uni degli altri e l'amare il nostro simile. Poiché il Signore stesso ci ha dato in anticipo i semi, è ovvio che reclami anche i frutti dicendo: *Vi dò un comandamento nuovo: che vi amiate gli uni gli altri.* E volendo incitare le nostre anime all'adempimento di questo comandamento, non ha chiesto quale prova dell'essere suoi discepoli segni e prodigi straordinari, sebbene nello Spirito santo ci abbia dato il potere di compiere anche questi prodigi".

Anche per questo argomento il riferimento al dono di Dio è scontato ed immediato: dice infatti, che nulla di più naturale c'è nell'uomo che essere in relazione con altri uomini.

Anzi addirittura il discorso si fa costitutivo: dalla capacità di amarsi tra loro – gli uomini – vengono riconosciuti come i discepoli di Gesù, secondo la parola stesso di Gesù. Anzi Gesù congiunge questi comandamenti in modo tale che considera come rivolto a se stesso il bene fatto al prossimo: *Poiché ho avuto fame,* dice, *e mi avete dato da mangiare,* e il seguito. Poi aggiunge: *Ciò che avete fatto a uno di questi miei fratelli più piccoli, l'avete fatto a me* (Mt 25).

Tramite il primo comandamento, dunque, è possibile adempiere anche il secondo e, tramite il secondo, ritornare di nuovo al primo e, amando il Signore, amare di conseguenza anche il prossimo. *Chi mi ama,* ha detto il Signore, *osserverà i miei comandamenti.* E dice poi: *Questo è il comandamento, che vi amiate gli uni gli altri come io ho amato voi* (Gv 15,12). E a sua volta, chi ama il prossimo adempie l'amore verso Dio, perché Dio riceve questo dono come rivolto a se stesso. Perciò il fedele servo di Dio Mosè dimostrava tale amore per i suoi fratelli da preferire persino di essere cancellato dal libro dei viventi sul quale era stato scritto, se non fosse stato perdonato al popolo il peccato.

E Paolo osò persino pregare di essere anatema, separato da Cristo a favore dei suoi fratelli consanguinei secondo la carne, perché, a imitazione del Signore, voleva divenire egli stessi riscatto per la salvezza di tutti. Tuttavia sapeva che era impossibile che fosse reso estraneo a Dio chi, per amore di lui, per il più grande dei suoi comandamenti non si dava pensiero neppure della grazia di Dio e che per questo avrebbe ricevuto in cambio molto più di quello che aveva dato. Come i santi siano giunti a tale misura di amore per il prossimo lo ha già dimostrato ciò che si è detto.

La *Regola* di Agostino D'Ippona

Padre, dottore e santo della Chiesa cattolica, sant'Agostino è detto anche *Doctor Gratiae* (Dottore della Grazia), ritenuto da alcuni «il massimo pensatore cristiano del primo millennio e certamente anche uno dei più grandi geni dell'umanità in assoluto».

La *Regola* di Agostino è breve - appena 8 capitoletti in poche pagine - ma ricca di contenuto. I suoi precetti, non molti ma essenziali, danno alla vita religiosa un orientamento forte, sicuro, moderno. Non fissa un regolamento della giornata, ma lo suppone e ne impone l'osservanza; non descrive la lectio divina e lo studio, ma ne enuncia il principio; non parla del ministero sacerdotale, ma ne prepara e ne arricchisce l'azione attraverso l'organizzazione della vita in comune.

Rivela una conoscenza profonda del cuore umano, e un'intuizione sicura delle esigenze più vere della vita consacrata.

Carità e Amicizia sono i due pilastri della concezione spirituale, ecclesiale e monastica del Vescovo d'Ippona. Per scoprire la portata, la bellezza e la fecondità di questa concezione occorre studiarli insieme.

Agostino ha parlato moltissimo dell'amore e con grande acume psicologico. Più lungamente e più profondamente ha parlato dell'amore che lo Spirito Santo diffonde nei nostri cuori, cioè della carità. Per riassumere il suo vasto pensiero vorrei servirmi delle parole con cui l'ho fatto altrove. "La carità di Dio e del prossimo è il contenuto di tutte le Scritture, la sintesi della filosofia, il fine della teologia, l'anima della pedagogia, il segreto della politica, l'essenza e la misura della perfezione cristiana, la somma di ogni virtù, l'ispirazione della grazia, il dono da cui derivano tutti i doni dello Spirito Santo, la regola che distingue le opere buone da quelle cattive, la realtà con la quale nessuno può essere cattivo, il bene in cui si possiedono tutti i beni e senza il quale gli altri non giovano a nulla (*Abbi la carità e avrai tutto, perché senza di essa a nulla giova tutto ciò che potrai avere*), la caparra o il principio della vita eterna. È in questo contesto che si deve intendere il celebre aforisma agostiniano: *Ama e fa' ciò che vuoi".*

Se si volesse continuare, si potrebbe; soprattutto rilevando le proprietà di questo dono divino che il nostro dottore non cessa di approfondire. Eccole in sintesi: "l'inesauribile dinamismo, l'intransigente radicalità, il totale disinteresse, la forza progressiva dell'assimilazione, l'inseparabile compagnia dell'umiltà e in ultimo, ma non meno importante, la soprannaturalità".

Ma non è un trattato sulla carità che voglio scrivere, anche se sarebbe bello, utile e consolante scriverlo. Mi limito pertanto a riportare qualche brano di un discorso di S. Agostino sulla carità. "La carità - dice al suo popolo - con la quale amiamo Dio e il prossimo, possiede sicura tutta la grandezza e tutta l'ampiezza degli eloqui divini... se dunque non hai tempo di scrutare tutte le pagine sante, di svolgere tutti gli involucri della (divina) parola, di penetrare tutti i segreti della Scrittura, abbi la carità da cui tutto dipende; così possederai ciò che hai imparato nella Scrittura e ciò che ancora non hai imparato.

In ciò che intendi della Scrittura, è la carità che ti si manifesta, in ciò che non intendi è la carità che resta occulta. Dunque chi possiede la carità nei costumi, questi possiede ciò che è aperto e ciò che è occulto nella parola divina.

Perciò, fratelli, seguite sempre la carità, dolce e salutare vincolo delle anime, senza la quale il ricco è povero e con la quale il povero è ricco. La carità nelle avversità è tollerante, nella prosperità è temperante, nelle dure sofferenze è forte, nelle opere buone è ilare, nella tentazione è sicura, nell'ospitalità è larga, tra i veri fratelli è lieta, tra i falsi è paziente ...".

Ricorda poi S. Agostino l'esempio dei santi del Vecchio e del Nuovo Testamento, le cui virtù, tanto diverse tra loro, non furono che modulazione dell'unica virtù della carità, cita le parole di S. Paolo nella lettera ai Corinzi, della quale egli, Agostino, non potrebbe dire nulla di meglio, e continua: “Ma questa carità quanto è grande? Anima delle Scritture, forza delle profezie, salute dei sacramenti, base solida della scienza, frutto della fede, ricchezza dei poveri, vita dei morenti. Che c’è di tanto magnanime quanto il morire per gli empi? Che di tanto benigno quanto l’amare i nemici? Solo la carità non si duole della felicità altrui, perché *non è invidiosa*; solo la carità non si esalta per la felicità propria, perché *non è gonfia dell’orgoglio*; solo la carità non sente il rimorso della cattiva coscienza, perché *non opera il male.* Tra le ingiurie è sicura, tra gli odi benefica, tra le ire placida, tra le insidie difesa dalla sua innocenza, tra le iniquità geme, nella verità respira. Che cosa di più forte della carità non per ripagare, ma per curare le ingiurie? Che cosa di più fedele non verso le vanità (della terra), ma verso le cose eterne (del cielo)?”.

La citazione è lunga, ma meritava d’essere riportata come premessa del posto che occupa la carità nella concezione monastica del Vescovo d’Ippona. Questa sublime virtù, la sola che sia eterna con Dio, essendo l’anima e il cuore della vita cristiana, diventa per sua natura nel pensiero agostiniano, - l’ho già accennato - il fine, il mezzo e il centro della vita comune. La *Regola* v’insiste in tutte le sue pagine. Comanda fin dall’inizio: “La prima cosa per la quale vi siete insieme riuniti è che viviate unanimi nella casa e che abbiate un sol cuore e un’anima sola protesi verso Dio” (n.3). Vediamo di scandagliarne il pensiero.

Carità e unità

Questo primo precetto contiene *in nuce* tutte le prescrizioni che seguono. In esso S. Agostino ha espresso la sua persuasione più profonda e la sua esperienza più cara. In realtà, egli era innamorato di queste parole degli *Atti degli Apostoli,* e quindi del santo proposito che porta i fratelli ad unirsi insieme per viverle con pienezza. Il Dottore della carità, sapeva molto bene che il proposito di abitare insieme in santa concordia ha per sorgente la carità, per fine la carità, per esercizio quotidiano la carità. È interessante infatti notare che quando cita questo testo degli *Atti* - e lo cita molto spesso - vi aggiunge sempre il richiamo alla carità, cioè alla virtù che unisce ciò che la natura divide, che raccoglie ciò che il peccato disperde, che fa di molti individui, diversi e lontani, un sol corpo e una sola persona. Sarebbe troppo citarne tutti i passi.

Eccone alcuni:

"...vivendo concordemente nella carità cristiana... avevano un sol cuore ed un'anima sola in Dio".

" ... avevano una sola anima e un sol cuore fusi nel fuoco della carità".

"...erano come legni secchi che ardevano nella chiesa di Gerusalemme per il fuoco dello Spirito Santo quando avevano un solo cuore ed un'anima sola protesi verso Dio".

Proprio così. La concordia fraterna non è frutto di coincidenza di interessi o di uguaglianza di sentimenti o di simpatia naturale, ma è frutto della carità con cui amiamo Dio e, per amore di Dio, il prossimo.

"Non abitano insieme, afferma categoricamente S. Agostino, non abitano insieme (nella concordia) se non coloro nei quali la carità di Cristo è perfetta. Quelli invece nei quali la carità di Cristo non è perfetta, anche quando stanno insieme, sono odiosi, molesti, turbolenti; e con la loro inquietudine disturbano gli altri... simili a un giumento inquieto sotto il giogo, il quale non solo non tira, ma tormenta anche, con calci, il compagno".

Così è: mentre il dissenso produce le divisioni "la carità produce l'accordo, l'accordo genera l'unità, l'unità mantiene la carità, la carità conduce alla gloria".

Da questo accordo, che genera l'unità, proviene il nome di monaco. "*Monos,* spiega S. Agostino, vuol dire uno, ma non uno in qualsiasi modo; poiché anche nella massa uno è uno, ma, essendo egli insieme a molti, si può dire che è uno, ma non si può dire che è solo, cioè *monos*: *monos* infatti significa *uno solo.* Dunque coloro che vivono insieme in modo da formare un solo uomo, in modo che di loro si possa dire ciò che è scritto: *avevano un'anima sola e un cuore solo;* che sono cioè molti corpi, ma non molte anime, molti corpi, ma non molti cuori, giustamente si possono dire *monos, cioè uno solo".*

Frutto dunque della carità è la concordia, frutto della concordia l'unità, frutto dell'unità la gioia. *Ecce quam bonum et quam iucundum,* esclama il salmista, *habitare fratres in unum.*

S. Agostino osserva che questa voce di esultanza ha riempito i monasteri. "Queste parole del salterio, dice al suo popolo, questo dolce suono, questa soave melodia - è soave nel canto ed è soave nell'intelligenza - ha generato anche i monasteri. Risuonò per tutta la terra, e quelli che erano divisi si sono riuniti". "Per primi abitarono insieme quelli che (a Gerusalemme) vendevano tutto ciò che avevano e ne davano il Prezzo agli Apostoli, come si legge negli *Atti degli Apostoli".*

"Dunque loro furono i primi ad ascoltare (queste parole): *Ecco com'è bello, come giocondo, il convivere di tanti fratelli insieme*: i primi ma non i soli. Infatti non giunse solo a loro quest'amore e questa unità dei fratelli: questa carità esultante giunse anche ai posteri ...".

Ma per gustare la gioia di vivere insieme e di sentirsi fratelli, occorre prima di tutto che l'amore possegga tre prerogative essenziali: *una spinta costante verso Dio, una coscienza viva della presenza di Dio nella comunità, un senso profondo della Chiesa.*

In Deum

Abbiate un'anima sola e un cuore solo in Dio, o più precisamente, protesi verso Dio, *in Deum.* Quest'aggiunta al testo biblico, è propria di S. Agostino: non c'è nella Scrittura, non c'è nei santi Padri prima di lui. Ed è molto significativa. Essa esprime il dinamismo profondo della carità, la ragione ultima della vita comune. Cuori protesi verso la ricerca di Dio e perciò uniti fra loro in una santa comunione di vita che è unità nella varietà.

L'agostiniano *quaerere Deum* trova qui la sua applicazione più piena.

"Perché, si chiede S. Agostino nei *Soliloqui,* desideri che le persone a te care vivano insieme a te?". Ecco la risposta: "Affinché possiamo occuparci insieme, concordemente, nella ricerca di ciò che riguarda le nostre anime e Dio. Di tal maniera che colui che avrà trovato per primo potrà condurre gli altri, senza fatica, allo stesso risultato".

L'anima e Dio: le due sole cose che S. Agostino desiderava sommamente di conoscere, per scoprire sempre più ciò che Dio è per l'anima e ciò che l'anima è per Iddio e orientare così, di conseguenza, la vita.

La ricerca di Dio significa dunque per il Vescovo d'Ippona molto di più della fredda indagine filosofica; significa fede, amore, culto, servizio di Dio; desiderio, tensione, ascesa, contemplazione; progressivo avanzamento nella somiglianza della SS. Trinità.

Si capisce allora che coloro i quali sentono nel cuore questo fuoco di carità, che è dono dello Spirito Santo, imprimono alla vita un movimento che li porta ad unirsi e li solleva in alto.

"Il tuo dono - scrive S. Agostino in un celebre passo delle *Confessioni* - il tuo dono (Signore) ci accende e ci porta verso l'alto. Noi ardiamo e ci muoviamo. Saliamo la salita del cuore cantando il cantico dei gradini. Del tuo fuoco, del tuo buon fuoco ardiamo e ci muoviamo, salendo verso la pace di Gerusalemme".

Si attua così nel monastero in modo eminente quel che dice lo stesso Santo in un altro luogo:

"Se amate Dio, trascinate all'amore di Dio i vostri congiunti e tutti coloro che sono nella vostra casa... rapiteli a godere di Dio; dite loro: magnificate il Signore con me... Rapitene quanti più ne potete, esortando, sospingendo, pregando, discutendo, dando spiegazioni, con mansuetudine, con dolcezza; rapiteli all'amore, affinché se magnificano il Signore, lo magnifichino insieme nell'unità".

Quell'*in Deum* non è dunque un'aggiunta al testo biblico messa lì per caso, ma è, invece, sommamente ricco di significato: contiene infatti tutte le ricchezze dell'amore di S. Agostino per la sapienza e rivela la prima grande sorgente da cui scaturisce l'*unitas caritatis*.

La presenza di Dio nei fratelli

La prima sorgente, non l'unica. Insieme alla dimensione verticale che va verso Dio, la carità deve possedere la dimensione orizzontale che investe e abbraccia i fratelli.

S. Agostino portò nella vita comune tutta la carica umana dell'amicizia. Sappiamo quale eco avesse nel suo animo questa cara e soave parola. Amicizia vuoi dire comunione, gioia, arricchimento: comunione di vita, gioia di dare e di ricevere, arricchimento di sapienza e di grazia. Nasce infatti dall'amore di un bene superiore e comune, che è la Verità - *nessuno può essere amico di un altro se prima di tutto non lo è della Verità*, sentenzia Agostino -; suppone la stima, la fiducia, la benevolenza, il rispetto, la fedeltà; e richiede per mantenersi e crescere, molte cose: la presenza dell'amico, l'assenza dell'invidia, i frequenti colloqui, l'unità degli intenti, la cooperazione generosa, la scienza del chiedere e del concedere il perdono, ecc. Agostino ne descrive le manifestazioni con queste mirabili parole: "I colloqui, le risa in compagnia, lo scambio di cortesie affettuose, le comuni letture di libri ameni, i comuni passatempi ora frivoli ora decorosi, i dissensi occasionali, senza rancore, come di ogni uomo con se stesso, e i più frequenti consensi, insaporiti dai medesimi, rarissimi dissensi; l'essere ognuno dell'altro ora maestro, ora discepolo, la nostalgia impaziente di chi è lontano, le accoglienze festose di chi ritorna. Questi e altri simili segni di cuori innamorati l'uno dell'altro, espressi dalla bocca, dalla lingua, dagli occhi e da mille gesti gradevolissimi, sono l'esca, direi, della fiamma che fonde insieme le anime e di molte ne fa una sola".

Ma nel monastero l'amicizia non è solo questo, perché non ha solo, o non ha affatto, fonti naturali, com'era l'amicizia di cui parla S. Agostino nel passo citato. Su questo punto il Santo è perentorio: *non sia carnale, ma spirituale il vostro amore,* il che vuol dire: non sia umano - nel senso deteriore della parola - ma divino; non naturale, ma soprannaturale.

Nel monastero dunque l'amicizia deve avere fonti *soprannaturali;* deve scaturire cioè dalla carità, la virtù che ama, rispetta e venera nell'altro il tempio di Dio.

Vivete dunque, - così il Vescovo d'Ippona conclude il primo capitolo della *Regola,* - *vivete dunque unanimi e concordi e onorate mutuamente in voi stessi Dio, di cui siete templi.*

Con questo precetto egli dà il tono dell'amicizia cristiana e religiosa, inserendola nel mistero del soprannaturale. In questo modo l'amicizia, senza essere privata del calore umano che le è proprio, si arricchisce dei doni divini della grazia che purifica ed eleva la natura.

Le parole della *Regola,* che abbiamo ricordate, contengono, riuniti insieme, due precetti paolini; quello di onorare Dio *d'un sol cuore e d'una sola voce* e quello di prendere coscienza della nostra condizione di templi di Dio. S. Agostino ha scritto molto su questi argomenti. L'inabitazione dello Spirito Santo nell'anima del giusto è, per esempio, uno dei temi più belli e più fecondi della sua teologia della grazia. Il religioso che è entrato in monastero per vivere questa verità in tutta la sua stupenda ricchezza deve conoscerla profondamente.

Tra le opere agostiniane si legga almeno la *Lettera* 187, che è un trattato sulla presenza di Dio, un trattato la cui struttura essenziale si può riassumere in queste tre grandi affermazioni:

1. benché Dio sia dovunque e sia dovunque tutto, non abita in tutti, poiché è bensì dovunque con la presenza della divinità, ma non è dovunque con la grazia dell'inabitazione;

2. anche in coloro nei quali Dio abita, non ci abita nella stessa misura;

3. intanto si dice che Dio abita nell'uomo in quanto lo rende con la sua grazia "dilettissimo" o "beatissimo" tempio suo.

Di questa mirabile e consolante dottrina vogliamo rilevare qui un solo particolare; cioè l'affermazione agostiniana che non solo i singoli religiosi sono templi di Dio, ma che la comunità in se stessa, dove i membri vivono in santa concordia, è un tempio di Dio: "Son diventati - scrive il Santo - templi di Dio; non soltanto templi di Dio i singoli, ma tempio di Dio tutti insieme".

A nessuno può sfuggire l'immensa portata di questa affermazione: la comunità tempio di Dio.

Compito della carità fraterna edificare a Dio, giorno per giorno, questo tempio: frutto della carità sentire ed amare Dio in esso.

A questa affermazione se ne aggiunge un'altra non meno sorprendente. I fratelli uniti fra loro in quella carità che lo Spirito Santo diffonde nei cuori sono talmente uniti a Cristo da formare con Lui un'unica anima, l'anima, appunto, di Cristo.

"La tua anima - scrive arditamente S. Agostino - non è più tua, ma di tutti i fratelli e le loro anime sono tue, o meglio, le loro anime insieme alla tua non sono più che un'anima sola, *Christi unica".*

Tradurre in pratica attraverso la perfetta unione d'amore la realtà divina del Corpo mistico di Cristo, è la prerogativa che S. Agostino volle imprimere ai suoi monasteri. Da questa prerogativa proviene l'ascetismo della carità.

La testimonianza di alcuni Padri della Chiesa

"Chi parla della carità, parla di Dio stesso. È opera difficile e rischiosa, per chi non valuta i termini con somma cautela. Parlare della carità è appena possibile agli angeli e, anche per essi, è più o meno difficile, a seconda del grado di illuminazione ricevuta.

Dio è carità, sta scritto: ma chi volesse con le parole esporre la profondità di questa rivelazione, assomiglierebbe a un cieco che, stando su una nave, volesse misurare sino a che limite si estende la sabbia del mare" (La scala del Paradiso 30,197).

Con queste parole San Giovanni Climaco (†649) riporta un pensiero largamente condiviso dalla tradizione patristica, in Oriente come in Occidente. È ben nota l'affermazione di Sant'Agostino (†430): *Immo vero vides Trinitatem, si caritatem vides* (La Trinità 8,8). Contemplare la carità significa contemplare il mistero insondabile di Dio.

È per questo – per umiltà, o forse per il timore di confondere il grande mistero cristiano con i concetti profani – che i Padri più antichi, prima di Nicea, parlano relativamente poco dell'amore di Dio. Lo fanno preferibilmente in contesti esegetici (si vedano i più importanti commenti patristici a Luca 10,25-38; Matteo 25,31-46; 1 Corinzi 13), e soprattutto in riferimento alla metafora sponsale del Cantico dei Cantici.

D'altra parte nella tradizione patristica, saldamente radicata nel Vangelo, il nesso tra amore di Dio e amore del prossimo è costantemente sottolineato, e non è mai messo in discussione. La connessione viene chiarita con diverse argomentazioni e da punti di vista differenti. Talvolta la carità verso il prossimo è considerata come condizione prima del nostro amore per Dio, altre volte – all'opposto – come sua diretta conseguenza.

I Padri greci: da Basilio al Crisostomo

In ogni caso, sono soprattutto i cosiddetti Padri cappadoci (Basilio di Cesarea, Gregorio di Nissa, Gregorio di Nazianzo) e Giovanni Crisostomo (†407) che – elaborando alcune intuizioni di Origene alessandrino (†254) – giungono, con i loro interventi teorici e pratici, a fondare una sorta di ordo caritatis, cioè a promuovere un'organica sintesi teologico-pastorale tra l'amore di Dio e l'amore del prossimo (specialmente del prossimo povero e bisognoso).

Basilio di Cesarea, il primo dei Cappadoci (†379), di cui tanto abbiamo parlato precedentemente, teorizza l'identità della fede cristiana poggiandola direttamente sul vincolo della carità: "Dio", giunge a dire nel suo Commento ai Salmi, "non è veramente Dio, se non per coloro che sono uniti a lui nella carità" (29,3); e l'Enarratio pseudobasiliana in Esaiam estende l'amore di Dio fino all'amore dei nemici: «Bisogna amare Dio con tutta la forza che abbiamo, per amare (αγαπάν) chi ci è vicino [cioè "il prossimo" in generale] e anche i nemici, affinché siamo perfetti, imitando la bontà di Dio, che fa sorgere il sole sui giusti e sugli ingiusti» (1,15,9).

Da parte sua San Giovanni Crisostomo nella celebre Omelia 50 sul Vangelo di Matteo, pronunciata ad Antiochia intorno al 390, sviluppa nel modo più chiaro le conseguenze morali del discorso teologico sulla carità:

"Che nessun Giuda... si accosti alla mensa!", prorompe l'omileta durante la liturgia eucaristica. Perché non è certo un criterio sufficiente di dignità quello di presentarsi alla mensa con vasi d'oro: "Non era d'argento quella mensa, né d'oro il calice da cui Cristo diede il suo sangue ai discepoli... Vuoi onorare il corpo di Cristo? Non permettere che egli sia nudo: e non onorarlo qui in chiesa con vesti di seta, per poi tollerare, fuori di qui, che egli stesso muoia per il freddo e la nudità. Colui che ha detto: «Questo è il mio corpo», e ha confermato il fatto con la sua parola, ha detto anche: «Mi avete visto affamato, e non mi avete nutrito»; e: «Quello che non avete fatto a uno di questi piccoli, non l'avete fatto a me»... Impariamo dunque a essere sapienti, e ad onorare Cristo come egli vuole... spendendo le ricchezze per i poveri. Dio non ha bisogno di vasi d'oro, ma di anime d'oro... Che vantaggio c'è, se la sua mensa è piena di calici d'oro ed egli stesso muore di fame? Prima sazia la sua fame, e allora con il superfluo ornerai la sua mensa! Fai un calice d'oro e non dai un bicchiere d'acqua fresca? E che vantaggio c'è? Prepari per la mensa paramenti ricamati in oro e non gli offri nemmeno il rivestimento necessario? E che profitto ne deriva?".

Ecco chi è Giuda, secondo il Crisostomo. È colui che si accosta al Corpo e al Sangue del Signore, ma in realtà non ne condivide il progetto di vita. Giovanni, sempre attento ai risvolti concreti e alla rilevanza sociale dell'identità di fede, non perde l'occasione per sottolinearlo con forza.

Egli approda così a uno dei temi caratteristici della sua predicazione, quello dell'elemosina. Il tema dell'elemosina, infatti, scaturisce come un corollario: il Corpo di Cristo condiviso richiama i fedeli alla solidarietà fraterna. Questo spiega perché i sermoni crisostomiani sui poveri si svolgono alla presenza dell'Eucaristia.

In effetti, essa crea un nuovo linguaggio di solidarietà per una duplice ragione, che il Crisostomo non manca di sottolineare: anzitutto la partecipazione alla stessa mensa rafforza i vincoli della comunione; in secondo luogo nell'Eucaristia si svela la *synkatabasis* di Dio, ossia quella "condiscendenza" (abbassamento), che è la rivelazione suprema dell'agape.

I Padri latini e l'antica comunità cristiana di Roma

L'Occidente latino raccoglie dall'Oriente questa sintesi organica della carità.

Ma i Padri latini, pur sviluppando di meno l'aspetto filosofico e mistico della connessione tra amore di Dio e amore del prossimo, fin dagli inizi (Tertulliano, Cipriano) – e anche in maniera indipendente dai Padri greci –, ne valorizzano in massimo grado le conseguenze morali, soprattutto sui versanti della solidarietà e dell'elemosina.

La parola più usata da loro per indicare questo comportamento è caritas (termine che in tale accezione sopravvive ancor oggi nel linguaggio popolare, tanto che "fare la carità" significa comunemente "fare l'elemosina").

A questo riguardo, l'Enciclica *Deus Caritas est* di Papa Benedetto XVI, ci offre un'ampia digressione riguardo all'ambiente romano del secondo secolo: "Il martire Giustino (†ca.155) descrive, nel contesto della celebrazione domenicale dei cristiani, anche la loro attività caritativa, collegata con l'Eucaristia come tale... Tertulliano (†220) racconta come la premura dei cristiani verso ogni genere di bisognosi suscitasse la meraviglia dei pagani.

E quando Ignazio di Antiochia († ca. 117) qualifica la Chiesa di Roma come colei «che presiede nella carità (agape)», si può ritenere che egli, con questa definizione, intendesse esprimerne in qualche modo anche la concreta attività caritativa" (n. 22).

L'excursus storico prosegue nel paragrafo successivo dell'Enciclica, dove il Papa si riferisce alle primitive istituzioni relative al servizio della carità nella Chiesa. Si tratta in particolare dell'istituto della diaconia, che affonda le sue radici – ancora una volta – in Oriente, nelle origini del monachesimo, ma che proliferò in Occidente (soprattutto a Roma) a partire dal settimo e dall'ottavo secolo.

"Ma naturalmente già prima, e fin dagli inizi", precisa il Papa, "l'attività assistenziale per i poveri e i sofferenti, secondo i principi della vita cristiana esposti negli Atti degli Apostoli, era parte essenziale della Chiesa di Roma. Questo compito trova una sua vivace espressione nella figura del diacono Lorenzo († 258).

La descrizione drammatica del suo martirio era già nota a Sant'Ambrogio (†397) e ci mostra, nel suo nucleo, sicuramente l'autentica figura del Santo. A lui, quale responsabile della cura dei poveri di Roma, era stato concesso qualche tempo, dopo la cattura dei suoi confratelli e del Papa, per raccogliere i tesori della Chiesa e consegnarli alle autorità civili. Lorenzo distribuì il denaro disponibile ai poveri, e li presentò poi alle autorità come il vero tesoro della Chiesa" (n. 23).

L'allusione dell'Enciclica a Sant'Ambrogio (precisamente al De officiis [ministrorum] 2,28, 140) suggerisce almeno un cenno a quel formidabile testimone della carità, che fu il vescovo di Milano. Tornano alla mente alcuni suoi gesti profetici (in verità criticati da alcuni, fin dai tempi dello stesso Ambrogio), come quello di fondere i vasi sacri per il riscatto dei prigionieri; e rivediamo lo sguardo ammirato del giovane Agostino, che contemplava il suo "modello" – appunto il vescovo Ambrogio – perennemente assediato da caterve di poveri, per i quali generosamente si prodigava (Confessioni 6,3).

Ancora in riferimento all'Occidente e all'esercizio pratico della carità, il Papa cita la Vita di San Martino, scritta da Sulpicio Severo verso il 397, pochi mesi prima della morte del Santo. Martino di Tours, prima soldato, poi monaco e vescovo, mostra – quasi come un'icona – il valore insostituibile della testimonianza individuale della carità.

"Alle porte di Amiens, Martino fa a metà del suo mantello con un povero. Gesù stesso, nella notte, gli appare in sogno rivestito di quel mantello, a confermare la validità perenne della parola evangelica: «Ero nudo, e mi avete vestito... Ogni volta che avete fatto queste cose a uno solo di questi miei fratelli più piccoli, l'avete fatto a me» (Mt 25,36.40)" (n. 40).

Conclusione

In definitiva, il rapporto inscindibile tra amore di Dio e amore del prossimo è il "filo rosso", lungo il quale si snoda l'itinerario della santità tracciato dalle testimonianze dei nostri Padri nelle Chiese di Oriente e di Occidente. È questa la "storia della carità". In essa – come scriveva un altro santo monaco, Massimo il Confessore (†662) – la carità va considerata "senza dividerla tra carità verso Dio e carità verso il prossimo". Infatti, "la carità è unica, tutta intera; è dovuta a Dio, ma unisce gli uomini gli uni agli altri". L'azione della perfetta carità verso Dio, e la sua evidente dimostrazione, risiedono in una sincera disposizione di volontaria benevolenza nei confronti del prossimo, perché, dice il divino apostolo Giovanni, «colui che non ama il fratello che vede, non può amare Dio che non vede»" (Epistola II sulla carità a Giovanni cubiculario).

Ne deriva una deduzione essenziale per ognuno: la traduzione unica e vera della fede in Gesù Cristo è l'Amore. Un amore non teorico, ma vissuto, tradotto nella vita di ogni giorno, dai piccoli gesti, alle grandi aspirazioni.

APPENDICE

LA REGOLA
(Agostino d'Ippona)

Prologo

1. Fratelli carissimi, si ami anzitutto Dio e quindi il prossimo, perché sono questi i precetti che ci vennero dati come fondamentali.

2. Questi poi sono i precetti che prescriviamo a voi stabiliti nel monastero.

Capitolo 1 - Scopo e fondamento della vita comune

3. Il motivo essenziale per cui vi siete insieme riuniti è che viviate unanimi nella casa e abbiate una sola anima e un sol cuore protesi verso Dio.

4. Non dite di nulla: "E' mio", ma tutto sia comune fra voi. Il superiore distribuisca a ciascuno di voi il vitto e il vestiario; non però a tutti ugualmente, perché non avete tutti la medesima salute, ma ad ognuno secondo le sue necessità. Infatti così leggete negli *Atti dagli Apostoli: Essi avevano tutto in comune e si distribuiva a ciascuno secondo* le *sue necessità.*

5. Chi, da secolare, possedeva dei beni, entrato che sia nel monastero, li trasmetta volentieri alla Comunità.

6. Chi poi non ne possedeva, non ricerchi nel monastero ciò che nemmeno fuori poteva avere. Tuttavia si vada incontro ai bisogni della sua insufficienza, anche se, quando egli si trovava fuori, la sua povertà non era neppure in grado di procurargli l'indispensabile. Solo che non si ritenga felice per aver conseguito quel vitto e quelle vesti che fuori non si poteva permettere.

7. Né si monti la testa per il fatto di essere associato a chi, nel mondo, nemmeno osava avvicinare, ma tenga il cuore in alto e non ricerchi le vanità della terra, affinché i monasteri, se ivi i ricchi si umiliano e i poveri si vantano, non comincino ad essere utili ai ricchi e non ai poveri.

8. D'altra parte, quelli che credevano di valere qualcosa nel mondo, non disdegnino i loro fratelli che sono pervenuti a quella santa convivenza da uno stato di povertà. Vogliano anzi gloriarsi non della dignità di ricchi genitori ma della convivenza con i fratelli poveri. Né si vantino per aver trasferito alla Comunità qualche parte dei loro beni; né il fatto di distribuire al monastero le loro ricchezze, anziché averle godute nel mondo, costituisca per essi motivo di maggiore orgoglio. Se infatti ogni altro vizio spinge a compiere azioni cattive, la superbia tende insidie anche alle buone per guastarle; e che giova spogliarsi dei propri beni dandoli ai poveri e diventare povero, se la misera anima nel disprezzare le ricchezze diviene più superba che non quando le possedeva?

9. Tutti dunque vivete unanimi e concordi e, in voi, onorate reciprocamente Dio di cui siete fatti tempio.

Capitolo 2 - La preghiera

10. Attendete con alacrità alle preghiere nelle ore e nei tempi stabiliti.

11. L'oratorio sia adibito esclusivamente allo scopo per cui è stato fatto e che gli ha dato il nome. Se perciò qualcuno, avendo tempo, volesse pregare anche fuori dalle ore stabilite, non ne sia ostacolato da chi abbia ritenuto conveniente adibire l'oratorio a scopi diversi.

12. Quando pregate Dio con salmi ed inni, meditate nel cuore ciò che proferite con la voce.

13. E non vogliate cantare se non quanto è prescritto per il canto. Evitate quindi ciò che al canto non è destinato.

Capitolo 3 - Frugalità e mortificazione

14. Domate la vostra carne con digiuni ed astinenza dal cibo e dalle bevande, per quanto la salute lo permette. Ma se qualcuno non può digiunare, non prenda cibi fuori dell'ora del pasto se non quando è malato.

15. Sedendo a mensa e finché non vi alzate, ascoltate senza rumore e discussioni ciò che secondo l'uso vi si legge, affinché non si sfami soltanto la gola, ma anche le orecchie appetiscano la parola di Dio.

16. Se alcuni vengono trattati con qualche riguardo nel vitto perché più delicati per il precedente tenore di vita, ciò non deve recare fastidio né sembrare ingiusto a quegli altri che un differente tenore ha reso più forti. Né devono crederli più fortunati perché mangiano quel che non mangiano essi; debbono anzi rallegrarsi con se stessi per essere capaci di maggiore frugalità

17. Così pure, se a quanti venuti in monastero da abitudini più raffinate si concedono abiti, letti e coperte che non si danno agli altri che sono più robusti e perciò veramente più fortunati, quest'ultimi devono considerare quanto i loro compagni siano scesi di livello passando dalla loro vita mondana a questa, benché non abbiano potuto eguagliare la frugalità di coloro che sono di più forte costituzione fisica. E poi, non debbono tutti pretendere quelle cose che sono concesse in più ad alcuni non per onore ma per tolleranza, onde evitare quel disordine detestabile per cui in monastero i ricchi si mortificano quanto più possono, mentre i poveri si fanno schizzinosi.

18. D'altra parte, siccome gli ammalati devono mangiar meno per non aggravarsi, durante la loro convalescenza dovranno esser trattati in modo da potersi ristabilire al più presto, anche se provenissero da una povertà estrema; infatti la recente malattia ha loro procurato quello stato di debolezza che il precedente tenore di vita aveva lasciato nei ricchi. Ma appena si siano ristabiliti, tornino alla loro vita normale, che è certamente più felice, poiché è tanto più consona ai servi di Dio quanto meno è esigente. Ormai guariti, il piacere non li trattenga in quella vita comoda a cui li avevano sollevati le esigenze della malattia. Si considerino anzi più ricchi se saranno più forti nel sopportare la frugalità, perché è meglio aver meno bisogni che possedere più cose.

Capitolo 4 - Custodia della castità e correzione fraterna

19. Il vostro abito non sia appariscente; non cercate di piacere per le vesti ma per il contegno.

20. Quando uscite, andate insieme ed insieme rimanete quando sarete giunti a destinazione.

21. Nel modo di procedere o di stare, in ogni vostro atteggiamento, non vi sia nulla che offenda lo sguardo altrui ma tutto sia consono al vostro stato di consacrazione.

22. Gli occhi, anche se cadono su qualche donna, non si fissino su alcuna. Certo, quando uscite, non vi è proibito veder donne, ma sarebbe grave desiderarle o voler essere da loro desiderati, perché non soltanto con il tatto e l'affetto ma anche con lo sguardo la concupiscenza di una donna ci provoca ed è a sua volta provocata. E perciò non dite di avere il cuore pudico se avete l'occhio impudico, perché l'occhio impudico è rivelatore di un cuore impudico. Quando poi due cuori si rivelano impuri col mutuo sguardo, anche senza scambiarsi una parola, e si compiacciono con reciproco ardore del desiderio carnale, la castità fugge ugualmente dai costumi anche se i corpi rimangono intatti dall'immonda violazione,

23. Ed inoltre chi fissa gli occhi su una donna e si diletta di essere da lei fissato, non si faccia illusione che altri non notino questo suo comportamento; è notato certamente e persino da chi non immaginava. Ma supposto che rimanga nascosto e nessuno lo veda, che conto farà di Colui che scruta dall'alto e al quale non si può nascondere nulla? Dovrà forse credere che non veda, perché nel vedere è tanto più paziente quanto più è sapiente? L'uomo consacrato tema dunque di spiacere a Dio per non piacere impuramente ad una donna; pensi che Dio vede tutto, per non desiderare di vedere impuramente una donna, ricordando che anche in questo caso si raccomanda il Suo santo timore dov'è scritto: *E' detestato dal Signore chi fissa lo sguardo.*

24. Quando dunque vi trovate insieme in chiesa e dovunque si trovino pure donne, proteggete a vicenda la vostra pudicizia. Infatti quel Dio che abita in voi, vi proteggerà pure in questo modo, per mezzo cioè di voi stessi .

25. E se avvertite in qualcuno di voi questa petulanza degli occhi di cui parlo, ammonitelo subito, affinché il male non progredisca ma sia stroncato fin dall'inizio.

26. Se poi, anche dopo l'ammonizione, lo vedrete ripetere la stessa mancanza in quel giorno o in qualsiasi altro, chiunque se ne accorga lo riveli come se si trattasse di un ferito da risanare. Prima però lo indichi ad un secondo o a un terzo, dalla cui testimonianza potrà essere convinto e quindi, con adeguata severità, indotto ad emendarsi. Non giudicatevi malevoli quando segnalate un caso del genere; al contrario non sareste affatto più benevoli se tacendo permetteste che i vostri fratelli perissero, mentre potreste salvarli parlando. Se infatti tuo fratello avesse una ferita e volesse nasconderla per paura della cura, non saresti crudele nel tacerlo e pietoso nel palesarlo? Quanto più dunque devi denunziarlo perché non imputridisca più rovinosamente nel cuore?

27. Tuttavia, qualora dopo l'ammonizione abbia trascurato di correggersi, prima di indicarlo agli altri che dovrebbero convincerlo se nega, si deve parlarne preventivamente al superiore: si potrebbe forse evitare così, con un rimprovero più segreto, che lo sappiano altri. Se negherà, allora al preteso innocente si opporranno gli altri testimoni: alla presenza di tutti dovrà essere incolpato non più da uno solo ma da due o tre persone e, convinto, sostenere, a giudizio del superiore o anche del presbitero competente, la punizione riparatrice. Se ricuserà di subirla, anche se non se ne andrà via spontaneamente, sia espulso dalla vostra comunità. Neppure questo è atto di crudeltà ma di pietà, per evitare che rovini molti altri col suo contagio pestifero.

28. Quanto ho detto sull'immodestia degli occhi, si osservi con diligenza e rettitudine anche nello scoprire, proibire, giudicare, convincere e punire le altre colpe, usando amore per le persone e odio per i vizi.

29. Chiunque poi fosse andato tanto oltre nel male da ricevere di nascosto da una donna lettere o qualsiasi dono anche piccolo, se lo confesserà spontaneamente gli si perdoni pregando per lui; se invece sarà colto sul fatto e convinto, lo si punisca molto severamente, a giudizio del presbitero o del superiore.

Capitolo 5 - Oggetti d'uso quotidiano e loro custodi

30. Conservate i vostri abiti in un luogo unico, sotto uno o due custodi o quanti baste ranno a ravviarli per preservarli dalle tarme; e, come siete nutriti da una sola dispensa, così vestitevi da un solo guardaroba. Se possibile, non curatevi di quali indumenti vi vengano dati secondo le esigenze della stagione, se cioè riprendete quello smesso in passato o uno diverso già indossato da un altro; purché non si neghi a nessuno l'occorrente. Se invece da ciò sorgono tra voi discussioni e mormorazioni, se cioè qualcuno si lamenta di aver ricevuto una veste peggiore della precedente e della sconvenienza per lui di vestire come si vestiva un altro suo confratello, ricavatene voi stessi una prova di quanto vi manchi del santo abito interiore del cuore, dato che litigate per gli abiti del corpo. Comunque, qualora questa vostra debolezza venga tollerata e vi si consenta di riprendere quello che avevate deposto, lasciate nel guardaroba comune e sotto comuni custodi quello che deponete.

31. Allo stesso modo nessuno mai lavori per se stesso ma tutti i vostri lavori tendano al bene comune e con maggior impegno e più fervida alacrità che se ciascuno li facesse per sé. Infatti, la carità di cui è scritto che non *cerca il proprio tornaconto,* va intesa nel senso che antepone le cose comuni alle proprie, non le proprie alle comuni. Per cui vi accorgerete di aver

tanto più progredito nella perfezione quanto più avrete curato il bene comune anteponendolo al vostro. E così su tutte le cose di cui si serve la passeggerà necessità, si eleverà l'unica che permane: la carità.

32. Ne consegue pure che, se qualcuno porterà ai propri figli o ad altri congiunti stabiliti in monastero un oggetto, come un capo di vestiario o qualunque altra cosa, non venga ricevuto di nascosto, anche se ritenuto necessario; sia invece messo a disposizione del superiore perché, posto fra le cose comuni, venga distribuito a chi ne avrà bisogno. Perciò se qualcuno avrà tenuto nascosto l'oggetto donatogli, sia giudicato colpevole di furto.

33. I vostri indumenti siano lavati secondo le disposizioni del superiore da voi o dai lavandai: eviterete così che un eccessivo desiderio di vesti troppo pulite contagi l'anima di macchie interiori.

34. Anche la lozione del corpo, quand'è necessaria per ragioni di malattia, non si deve mai negare, ma si faccia su consiglio del medico e senza critiche; per cui, anche contro la propria volontà, al comando del superiore il malato faccia quanto si deve fare per la salute. Se invece lui lo vuole e può risultargli dannoso, non si accondiscenda al suo desiderio: talvolta ciò che piace è ritenuto utile, anche se nuoce.

35. Infine, trattandosi di sofferenze fisiche nascoste, si dovrà credere senza esitazione servo di Dio chi manifesta la propria indisposizione. Si consulti però il medico, se non si è certi che per guarirlo giova ciò che gli piace.

36. Ai bagni o dovunque sarà necessario andare, non si vada in meno di due o tre. E chi ha necessità di portarsi in qualche luogo, dovrà andarvi non con chi vuole ma con chi gli sarà indicato dal superiore.

37. La cura degli ammalati, dei convalescenti e degli altri che anche senza febbre soffrano qualche indisposizione, sia affidata ad uno solo, che ritiri personalmente dalla dispensa quel che avrà giudicato necessario a ciascuno.

38. I custodi della dispensa, del guardaroba e della biblioteca servano con animo sereno i loro fratelli,

39. I libri si chiedano giorno per giorno alle ore stabilite; e non si diano a chi li chiederà fuori orario.

40. Ma vesti e calzature, se necessarie a chi le chiede, vengano date senza indugio da chi le ha in custodia.

Capitolo 6 - Il condono delle offese

41. Liti non abbiatene mai, o troncatele al più presto; altrimenti l'ira diventa odio e trasforma una paglia in trave e rende l'anima omicida. Così infatti leggete: *Chi odia il proprio fratello è un omicida.*

42. Chiunque avrà offeso un altro con insolenze o maldicenze o anche rinfacciando una colpa, si ricordi di riparare al più presto il suo atto. E a sua volta l'offeso perdoni anche lui senza dispute. In caso di offesa reciproca, anche il perdono dovrà essere reciproco, grazie alle vostre preghiere che quanto più frequenti tanto più dovranno essere sincere. Tuttavia chi, pur tentato spesso dall'ira, è però sollecito a impetrare perdono da chi riconosce d'aver offeso, è certamente migliore di chi si adira più raramente ma più difficilmente si piega a chiedere perdono. Chi poi si rifiuta sempre di chiederlo o non lo chiede di cuore, sta nel monastero senza ragione alcuna, benché non ne sia espulso. Astenetevi pertanto dalle parole offensive; ma se vi Fossero uscite di bocca, non vi rincresca di trarre i rimedi da quella stessa bocca che diede origine alle ferite.

43. Quando però per esigenze di disciplina siete indotti a usare parole dure nel correggere gli inferiori, non si esige da voi che ne chiediate perdono, anche se avvertire di aver ecceduto: per salvare un'umiltà sovrabbondante non si può spezzare il prestigio dell'autorità presso chi deve starvi soggetto. Bisogna però chiederne perdono al Signore di tutti, che sa con

quanta benevolenza amiate anche coloro che forse rimproverate più del giusto. L'amore tra voi, però, non sia carnale, ma spirituale.

Capitolo 7 - Spirito dell'autorità e dell'obbedienza

44. Si obbedisca al superiore come ad un padre, col dovuto onore per non offendere Dio nella persona di lui. Ancor più si obbedisco al presbitero che ha cura di tutti voi.

45. Sarà compito speciale del superiore far osservare tutte queste norme; non trascuri per negligenza le eventuali inosservanze ma vi ponga rimedio con la correzione. Rimetta invece al presbitero, più autorevole su di voi, ciò che supera la sua competenza o le sue forze.

46. Chi vi presiede non si stimi felice perché domina col potere ma perché serve con la carità. Davanti a voi sia tenuto in alto per l'onore; davanti a Dio si prostri per timore ai vostri piedi. Si offra a tutti come esempio di buone opere; moderi i turbolenti, incoraggi i timidi, sostenga i deboli, sia paziente con tutti. Mantenga con amore la disciplina, ne imponga il rispetto; e, sebbene siano cose necessarie entrambe, tuttavia preferisca piuttosto di essere amato che temuto, riflettendo continuamente che dovrà rendere conto di voi a Dio.

47. Perciò, obbedendo maggiormente, mostrerete pietà non solo di voi stessi ma anche di lui, che si trova in un pericolo tanto più grave quanto più alta è la sua posizione tra voi.

Capitolo 8 - Osservanza della Regola

48. Il Signore vi conceda di osservare con amore queste norme, quali innamorati della bellezza spirituale ed esalanti dalla vostra santa convivenza il buon profumo di Cristo, non come servi sotto la legge, ma come uomini liberi sotto la grazia.

49. Perché poi possiate rimirarvi in questo libretto come in uno specchio onde non trascurare nulla per dimenticanza, vi sia letto una volta la settimana. Se vi troverete ad adempiere tutte le cose che vi sono scritte, ringraziatene il Signore, donatore di ogni bene. Quando invece qualcuno si avvedrà di essere manchevole in qualcosa, si dolga del passato, si premunisca per il futuro, pregando che gli sia rimesso il debito e non sia ancora indotto in tentazione.

BIBLIOGRAFIA

K. RAHNER, *La Trinità*, Ed. Queriniana.

L.F. LADARIA, *La Trinità mistero di comunione,* Ed. Paoline, 2004.

CATERINA DA SIENA, *Dialogo della Divina Provvidenza*, EDB 2001.

SAN GIOVANNI DELLA CROCE, *Romanze, Sulla Creazione,* ed. OCD, p.1051.

G. MAZZANTI, *Persone nuziali*, EDB, Bologna 2005;

G. MAZZANTI, *Teologia sponsale e sacramento delle nozze*, EDB, Bologna 2002.

BASILIO DI CESAREA, *Le Regole*, Edizioni Qiqajon, 1993

INDICE

Printed by Books on Demand GmbH, Norderstedt / Germany